Dietmar Bittrich
Waren wir nicht schon mal hier?

Erinnern Sie sich noch? In den Coronajahren sind wir nicht verreist. Später sind wir nur schwerfällig in Gang gekommen. Dann erst so richtig. Es reizt uns wieder herauszufinden, was sich hinter Namen wie Palenque, Titicaca und Timbuktu verbirgt. Oder wir wollen einfach nur in versteckten Buchten oder beim Bummel durch eine verträumte Altstadt entspannen. Herausforderungen gibt es ja noch genug. Fremde Verkehrs-Apps und Fahrscheinautomaten sind noch weniger durchschaubar als die heimischen. Wir landen in Hochzeitsstädtchen, in denen unablässig Glocken bimmeln. Oder stranden auf Airports, von denen wir nicht wussten, dass sie existieren. Liegen nachts wach wegen schauriger Geräusche in der porösen Wand. Tagsüber müssen wir improvisieren, denn nur selten klappt alles wie geplant. Das kostet Nerven. Und dann geschieht es plötzlich, auf einem Platz, in einer Kurve, einem Tal, dass wir erschrocken stehen bleiben: Waren wir nicht schon mal hier?

Dietmar Bittrich ist Autor und lebt in Hamburg. Als Reisereporter und Begleiter auf Studienfahrten ist er viele Jahre unterwegs gewesen. Der erste Band seiner Reisegeschichten, ›Müssen wir da auch noch hin?‹, stand wochenlang auf der SPIEGEL-Bestsellerliste.

DIETMAR BITTRICH

Waren wir nicht schon mal hier?

Kurze Geschichten vom Reisen

dtv

Von Dietmar Bittrich
ist bei dtv außerdem erschienen:
Müssen wir da auch noch hin?
Zum Niedermähen schön
Grab tiefer!
Wer später kommt, hat länger Zeit

Die Erzählungen Hundi muss zu Hause bleiben und
Bei Geistersehern sind unter jeweils anderem Titel bereits in den Bänden
Urlaubslesebuch 2019 und Noch mehr Gute-Laune-Geschichten
erschienen.

Originalausgabe 2025
© 2025 dtv Verlagsgesellschaft mbH & Co. KG
Tumblingerstraße 21, 80337 München
produktsicherheit@dtv.de
Umschlaggestaltung: dtv unter Verwendung eines Bildes von
Gerhard Glück
Gesetzt aus der Stempel Garamond
Satz: C.H.Beck.Media.Solutions, Nördlingen
Druck und Bindung: Druckerei C.H.Beck, Nördlingen
Printed in Germany · ISBN 978-3-423-22118-4

Inhalt

Wer wird Lösegeld zahlen?

Wer aufbricht, nimmt Abschied. Und meist nicht ungern. Abschied, haben wir mal gehört, sei ein leises Wort, manchmal wohl auch ein scharfes Schwert und mit etwas Pech ein kleiner Tod.

Nicht bei uns. Wir empfinden es als erleichternd, wenn wir endlich die Tür hinter uns zuziehen und den Schreibtisch für eine Weile nicht sehen. Wenn wir uns keine Gedanken machen müssen über fällige Renovierungen und den Wechsel der Putzhilfe. Wenn wir all die unerledigten Angelegenheiten vergessen dürfen. Und wenn wir unsere heiß geliebte Tante Edith eine Zeit lang nicht besuchen müssen.

»Wir sind jetzt drei Wochen weg«, haben wir ihr gesagt. »Du hast es ja zum Glück supergut hier!« Das mochte sie nicht bestätigen. Inmitten der Schar ihrer irritierten Mitbewohnerinnen hat sie uns nachgesehen wie die Hobbits den Helden Frodo und Gandalf, als die ins Abenteuer zogen. Genau so! Denn Reisen ins Abenteuer, darunter machen wir es nicht! »Man entdeckt keine neuen Kontinente, ohne den Mut, alte Küsten zurückzulassen«, habe ich Tante Edith erzählt. »Schade, dass du nicht mitkommen kannst«, ist meiner Frau noch eingefallen. Und die Tante hat genickt.

Manche Abschiede sind unvermeidlich. Es ist einfach tieftraurig, wenn wir verreisen. Nein, nicht für uns. Aber für all die anderen! Unsere Eltern wollen uns zum Bleiben überreden. So wie die liebe Familie damals den süßen E. T., bevor der winkend ins Raumschiff stieg. »Nicht weinen, dass es vorüber«, lassen wir sie wissen, »sondern lächeln, dass es gewesen!« Die Kinder mögen uns gar nicht aus der Tür lassen. Die Nachbarn stehen stumm und mit schwerem Herzen da.

Freunde kommen, als könnten sie uns noch zur Umkehr bewegen. Ohne euch ist alles so trübsinnig!, klagen sie. Tja, denken wir, da seht ihr es mal! Ein letzter rührender Blick zurück: überall in den Fenstern verweinte Gesichter. Gardinen werden zugezogen, Rollos heruntergelassen. Für die Zurückbleibenden beginnt die Zeit der Depression. Der anatolische Gemüsemann macht eine stumme Geste, als wolle er uns zurückhalten. Der Postbote auf seinem E-Rad winkt resigniert unserem Wagen nach. Ein dunkler Schleier legt sich über die Stadt. So ist es, wenn wir verreisen.

Aber nein, verflixt, so sollte es sein! So gehört es sich doch! Wenigstens ein Hauch von Staatstrauer müsste doch zu schaffen sein! Wie schön wäre unsere Abreise, wenn irgendwo eine Träne glitzern würde, ach, eine einzige nur! Aber geschäftige Gleichgültigkeit begleitet unseren Abschied. Die Leute kriegen nicht mal mit, dass wir weg sind. Wo bleibt die Achtsamkeit? Liegt es an der Regierung, an den sozialen Medien, dem Klimawandel? In was für einer abgestumpften Welt leben wir eigentlich?

Keiner malt sich aus, dass wir womöglich nicht zurückkehren könnten. Die Ferne ist gefährlich! Schlecht gewartete Flugzeuge, Busse in engen Serpentinen, gewiefte Betrüger, Straßenräuber, Halsabschneider. Und nicht nur gierige Spitzbuben erwarten uns, dazu kommt eine ausgehungerte Fauna. Mücken in Sondergrößen schwärmen aus, um uns mit Malaria vertraut zu machen. Im Sand des Strandes langweilen sich Hakenwürmer, bis wir endlich barfuß angestapft kommen. Einmal übers dunkle Wasser des Sees geschwommen, und die Bilharziose frisst sich in unsere Eingeweide. Exotische Viren haben die Nachricht von unserer Abreise bekommen und mutieren in die perfekt auf uns passende Form. Und da hat niemand Mitleid?

Frau Schwarz, der wir auf der Straße von unseren Plänen erzählen, samt den gefahrvollen Einzelheiten, findet das alles echt total interessant, muss aber doch rasch zum Einkaufen. Herr Petri runzelt die Stirn, statt uns aufzubauen: »Oh, da würde ich aber nicht hinfahren; haben Sie mal an El Niño gedacht?« Wie bitte? Ja, wir haben mal davon gehört. Aber noch nicht im Zusammenhang mit unserer Reise. Bergers nutzen unsere Urlaubsaussichten, um sich in eigenen Erinnerungen zu verlieren; sie sind vor zwanzig Jahren dort gewesen, als alles noch unberührt war. Das sei es ja nun leider nicht mehr, im Gegenteil. Unsere Cousine empört sich: »Dann seid ihr ja zu meinem Geburtstag nicht da!« Das trifft zu und hat unsere Reiseplanung maßgeblich beeinflusst.

Niemand trauert angemessen. Niemand gönnt uns Zuspruch und Trost. Vor einem langen Flug ist es immer noch wie damals bei der ersten Klassenreise, als unsere Mutter uns mit vielen falschen Versprechungen (»Es wird bestimmt ganz toll!«) zum Bus brachte. Und genau wie damals benötigen wir Ermutigung. Jetzt sogar noch mehr, weil wir inzwischen wissen, was alles passieren kann. Augenscheinlich schert es niemanden, dass unser Bus von einer dieser Schotterkurven in die Schlucht stürzen könnte. Oder dass der Heißluftballon Feuer fängt und nur eine flammende Pirouette auf einem Tik-Tok-Clip hinterlässt. Unsere klapprige Passagiermaschine ist bereits ins Visier militanter Weltverbesserer geraten. Lediglich die Blackbox wird noch Zeugnis ablegen von unserer Reise. Und da schlägt niemand Alarm? Nein. Man überlässt uns ungerührt unserem Schicksal.

»Habt ihr da gebucht, wo ich es empfohlen habe?«, will unser Schwager wissen. Haben wir nicht. Damit ist sein Interesse erloschen. Und wenn wir als Geiseln genommen werden? Wenn Kidnapper Lösegeld fordern? Würde er zahlen? Bestimmt nicht. Wer sonst? Uns fällt niemand ein. All diese Geizhälse unter unseren sogenannten Freunden! Da zeigt sich ihre wahre Natur. Würde die klamme Republik uns auslösen? Wir haben einigermaßen brav unsere Steuern gezahlt. Wie viel dürfen die Entführer höchstens fordern? Das fragen wir uns angesichts all der schnöden Herzlosigkeit.

Unsere Nachbarn freuen sich unverhohlen auf unseren Parkplatz und dass sie mal drei Wochen nichts von uns hören. Wie üblich werden sie dann genau an dem Tag aufbrechen, an dem wir zurückkehren. »So haben wir zweimal Urlaub«, frohlocken sie frech. Wer wird uns vermissen, seit unser geliebter Golden Retriever in das Sternbild des Großen Hundes aufgestiegen ist?

Unseren Eltern versichern wir: Wir melden uns zwischendurch! »Das ist nicht nötig«, winken sie ab. Unsere Kinder müssten eigentlich mit hängenden Köpfen durchs Haus schleichen. Stattdessen können sie unsere Abreise kaum erwarten. Wir fangen Anfragen ihrer Freunde ab, ob die Bude schon sturmfrei sei. Die Menge an Cannabis, die sie da horten, sei legal, haben sie uns wissen lassen. Die Alkoholika sind bereits kalt gestellt. Steht uns noch die Zeit zur Verfügung, sie mit einem Federstrich zu enterben? Haben wir überhaupt schon ein Testament gemacht?

Vor einer Reise suchen uns solche Gedanken heim. Wie wird die Doppelkopfrunde in der langen Zeit ohne uns zurechtkommen? Haben wir Vorkehrungen getroffen, dass der Literaturkreis nicht zu sehr an Niveau verliert? »Wir kommen bestens zurecht«, versichern alle gnadenlos. »Macht euch keine Sorgen.« Wieso wir? Sie sollen sich doch Sorgen machen!

Aber es ist ja wahr. Statt ihrer kommen wir ins

Grübeln. Letzte Fragen pochen an die Pforten unserer Schlaflosigkeit. Gibt es ein Weiterleben nach dem Tode? Wer bezahlt den Rücktransport unserer sogenannten sterblichen Überreste nach Hause? Und wenn die unsterblichen Überreste in den Himmel aufsteigen: Wen würden wir an unserem Grab weinen sehen? Würde uns jemand vermissen?

Die Reise ist der beste Test. Und leider kennen wir schon das Ergebnis. Wenn wir heimkehren und erzählen wollen, wundern sich alle, dass wir überhaupt weg waren. Und so richtig hören will auch keiner von unseren gefahrvollen Abenteuern. Einige werden sogar enttäuscht sein, dass wir gesund zurückgekehrt sind. An den Scheidepunkten der Reise, bei Abfahrt und Rückkehr, ahnen wir etwas Ungeheuerliches: Wir sind gar nicht so wichtig.

Angesichts dieser Erkenntnis sind wir die Einzigen, denen beim Abschied die Tränen kommen. Und auf einmal sind die anderen gerührt von der Tiefe unserer Empfindungen. Sie denken, wir vermissen sie schon. Na, wartet, wenn ihr verreist!

Da müsst ihr unbedingt hin!

Und in Lissabon empfehle ich euch – aber jetzt gut zuhören! –, da empfehle ich euch die Tram 28!«, tönt Onkel Michael. »*Elétrico vinte e oito*. Schreibt euch das auf.« Klaro, tun wir sofort. Die Tram 28 wird zwar auf jeder Lissabon-Website ganz oben gelistet und in jedem Reiseführer auf Seite eins. Aber wir notieren gehorsam. Denn Onkel Michael hat uns vor Jahren mal seinen Schlagbohrer geliehen. Der ist allmählich in unseren Besitz übergegangen, und das soll so bleiben. Wir sichern die Verhältnisse durch Zustimmung. »Super Tipp, Onkel Michael!« – »Acht-und-zwanzig! Die fährt euch für ein paar müde Euro durch die komplette Altstadt.« – »Ist das irre.« – »Allerdings! Was wollt ihr noch wissen?«

Gar nichts. Wir entdecken fremde Orte lieber auf eigene Faust. »Ach, da ist noch so ein Fahrstuhl«, fällt ihm ein. »Riesending, von der Unterstadt zur Oberstadt. *Elevador de* oder *da* – Moment, fällt mir gleich ein.« Oje. Wie kommen wir hier wieder weg? Indem wir den Schlagbohrer rausrücken? »Ja, *Santa Justa*! Damit müsst ihr fahren! Absolutes Muss!« – Stand auch auf jeder Liste. »Okay, das machen wir.

13

Ist ja echt toll, was du alles parat hast.« – »Alles Geheimtipps! Und unten am Hafen, also Tejo Richtung Atlantik, da steht ein Denkmal für die Seefahrer, für die Entdecker – das kennt kaum jemand!« – Kennt jeder, aber wir lassen ihn mal in dem Glauben. »Notieren wir. Fantastisch, nun kann nichts mehr schiefgehen!«

Jetzt aber ganz schnell weg. Falls wir nach Athen gereist wären, hätte Michael uns hinter vorgehaltener Hand die Akropolis empfohlen – aber keinem weitersagen! –, und in Paris den Eiffelturm und als speziellen und hochgeheimen Insidertipp den Louvre. Er ist nicht der Erste mit solchen Sonderkenntnissen. Als ich in Studentenjahren trampend in die Toskana aufbrach, gab meine Großmutter mir auf den Weg: »Und in Pisa musst du dir unbedingt einen Kirchturm angucken, der steht schief, da darfst du aber nicht rauf, versprich mir das!« Den Tipp fand ich beleidigend. Aus purem Trotz bin ich dann in Pisa emsig herumgelaufen, habe aber den Domplatz boshaft gemieden. Jahre später habe ich die Besichtigung zerknirscht nachgeholt.

So geht es nun mal. Reiseziele gehören zu den wenigen erfreulichen Gesprächsthemen, die uns geblieben sind. Wo wart ihr zuletzt? Ah! Und wo wollt ihr jetzt hin? Oh, toll! Und was sind danach eure Ziele? Fantastisch! Unsere Freunde machen es vor. Wir versuchen mitzuhalten. Und müssen feststellen, dass unsere originellen Pläne auch schon von anderen geschmiedet und sogar verwirklicht wurden. Unsere Freunde haben uns etliches voraus. Und das lassen sie uns spüren. »Wenn ihr in Budapest seid, geht ins Gellért-Bad, das ist das Wichtigste!« Na schön. »In Vancouver dürft ihr auf keinen Fall Vancouver Island auslassen, sonst hat sich die ganze Reise nicht gelohnt!« Alles klar. »Am Hafen von Helsinki nehmt ihr bitte die Straßenbahn Nr. 3, die fährt euch rund um die Stadt, nicht vergessen!«

Schon wieder so eine Straßenbahn. Die ebenfalls von jedem dummen Tripadvisor empfohlen wird. Aber mitunter werden die Tipps noch geheimer und dann geradezu beschwerlich. Für Positano bekommen wir die handgeschriebene Anschrift einer Terrasse, auf der wir einen Limoncello trinken sollen, und zwar bei Sonnuntergang. Wenn wir auf die Kykladen kommen, ist es unerlässlich, dass wir nach Amorgos übersetzen, weil uns da ein Pater Nikolaos durch sein Kloster führt. Jedenfalls dann, wenn wir den wohlklingenden Namen unserer Freunde erwähnen. In Brügge sollen wir – »das ist das absolut Coolste!« – am Groenplaats ins *Hilton* gehen und an der Bar nach Steve fragen. Der gibt uns einen Drink aus, sobald wir von Kathrin und Stefan erzählen.

»Da müsst ihr unbedingt hin«, »der Abstecher lohnt sich«, »das ist ein wunderbar einsamer Strand«, »geht nicht zum Vordereingang, sondern zur Seitentür«, »nur da dürft ihr Muscheln essen«, »und grüßt den Winzer«: Unsere Freunde geben uns jede Menge Empfehlungen und Geheimtipps mit auf die Reise. Nicht nur, wenn wir sie bitten. Es reicht schon, wenn wir vage andeuten, wohin es uns zieht. Gleich kramen sie die Bilder eigener Aufenthalte aus dem

Gedächtnis oder belästigen uns mit dem Link zu ihrem traumhaften Album, das sie online gestellt haben. Sie erinnern sich an Restaurants, versteckte Winkel, originelle Menschen und an spezielle Tricks, die Kurtaxe zu umgehen oder nach Kassenschluss ins Amphitheater zu klettern. Sie wünschen, dass wir ihrer Route von damals folgen. Wir sollen wenigstens schattenhaft nachempfinden, was ihnen damals Großartiges widerfuhr. Sie bimsen uns ihre Ratschläge ein wie Vokabeln, die sie nach unserer Rückkehr abfragen werden. Und wir machen untertänig Notizen.

Den Tipps zu folgen, erweist sich jedoch vor Ort als schwierig. Die Jahre haben eine verfälschende Patina über die Erlebnisse unserer Freunde gelegt. Wir sind guten Willens. Aber da geht gar keine Fähre über den Sund, wo sie uns eine unvergessliche Fahrt versprochen haben. Der Delikatessenladen in den Tuchhallen – »wer da nicht Piroggen probiert, weiß nichts von Krakau« – serviert schalen Plunder. Und der spezielle elsässische Winzer – »ganz lieber Kerl, mit dem könnt ihr abends stundenlang zusammensitzen« – riecht muffig und erinnert sich nicht an sie. Der Glorienschein, mit dem sie einstige Ausflüge verbrämen, erleuchtet uns nicht. Im Gegenteil. Der kleine Abstecher an den Weststrand von Vancouver Island entpuppt sich als fünfstündige Fahrt durch einen Nadelwald bis zu einer windgepeitschten Bucht. Also, das fanden Sophie und Dirk schön, registrieren wir leicht verbittert, bevor wir die Rückfahrt antreten.

»Ihr müsst unbedingt meine Lieblingskirche ansehen, San Miniato al Monte!«, hat Astrid uns auf den Weg nach Florenz mitgegeben. Während wir den Monte emporsteigen, bleibt uns leider das Bild der plumpen Astrid beharrlich im Gedächtnis. Mag die Marmorfassade der Kirche auch Anmut und Charme haben, der Zauber ist verdorben. Muss das nun ausgerechnet Astrids Kirche sein?

Die Zeitangaben unserer Freunde stimmen nicht. Die Wegbeschreibungen, die sie mit einem prahlerischen »könnt ihr gar nicht verfehlen« in die Luft skizzieren, führen in die Irre. Die Wanderempfehlungen – Hellandsnuten, Toggenburg, Ridnauntal – erweisen sich als Folter. Und das wenige, was sie zu Recht anpreisen, verliert durch ihren erklärten Besitzanspruch jede Romantik. »Wir waren vor euch da«, sagen sie mit ihren beschwörenden Ratschlägen. »Folgt uns, wir sind die Experten, am besten seht ihr alles mit unseren Augen!«

Aber das wollen wir nicht. Und das tun wir auch nicht. Wir erkämpfen uns unsere Selbstständigkeit. »Euer Hotel ist ja ziemlich abgewrackt«, sagen wir mitfühlend nach unserer Heimkehr. »Wir haben zum Glück gleich ein besseres gefunden.« Und »im Getty Museum hängt kein einziger Botticelli, schon gar keine ganze Wand voll, da habt ihr wieder was durcheinander gekriegt«. Noch besser: »In Brügge gibt es weder einen Groenplaats noch ein *Hilton*, das gibt es nur in Antwerpen, und da mixt zwar tatsächlich ein Steve Drinks, aber als wir euer Foto gezeigt haben, meinte er, ihr habt noch Schulden bei ihm.«

Und dann verraten wir ihnen, wo die Botticellis tatsächlich hängen, wie das wirklich gute Hotel heißt und wo ein Barkeeper Cocktails serviert, »bei dem ihr euch noch sehen lassen könnt«. Und sonst – »wenn ihr noch Empfehlungen braucht, dürft ihr gern fragen!«

Ach so, Onkel Michael existiert ja noch. »Seid ihr in Lissabon mit meiner Tram gefahren?«, verlangt er zu wissen. – »Sind wir, Onkel Michael, wir haben auch ein Foto gemacht, das war ein ganz toller origineller Tipp!« – »Na, also! Dann kriege ich vielleicht endlich auch meinen Schlagbohrer zurück?«

Falsch abgebogen

Jetzt ist es Zeit, dass ich Ihnen danke. Dafür, dass Sie mir damals zu Hilfe kamen. In Venedig. Sie erinnern sich? Wie von einem heiligen Dogen gesandt tauchten Sie auf, als ich mich heillos verlaufen hatte. Ihre charmante Reisegruppe erschien mir wie eine Schar lichter Engel. Es war längst dämmerig, und in meiner schmalen Seitengasse herrschte schon Nacht. Ich war durch Gänge, Gassen, über schiefe Brücken geirrt und stand nun am Ende einer nicht mal meterbreiten sogenannten Calle, die zwischen fensterlosen Hauswänden an einem Kanal endete. Schwarzes Wasser. Mehr sah ich nicht. Und dann kamen Sie. Sie erinnern sich?

Sonst erzähle ich gern von Anfang an. Grundsätzlich hing und hängt es damit zusammen, dass nicht nur mir, sondern uns allen der Orientierungssinn allmählich abhandenkommt. Man kann ihn sich wieder antrainieren, heißt es. Aber das tun wir nicht. Wir sind keine steinzeitlichen Jägerinnen und Sammler. Wir sind auch keine neuzeitlichen Entdecker, die verwaschene Karten enträtseln. Wir sind digitale Nomaden und verfügen über kalibrierte Navigationssysteme. Auf die verlassen wir uns. Und sind prompt aufgeschmissen, wenn sie mal nicht funktionieren.

Bekanntlich versagen sie in asturischen Nationalparks, in der Ägäis und in Südanatolien. Zuweilen auch in gut erschlossenen Alpentälern und ostfriesischen Moorlandschaften. Und da sind wir gerade, meine Frau und ich, ganz nah an einem renaturierten Moor, und beinahe schon mittendrin. Sicherheitshalber haben wir angehalten. Die Strecke, die uns das Navi vorschlägt, führt geradewegs in morastige Tiefen. Das Wasser gluckst schon unter den Vorderrädern unseres Kompaktwagens. Wir besitzen kein Amphibienfahrzeug. Unser konventionelles Auto sinkt ein. Immer geradeaus!, beharrt das Navi.

Von wegen. Wir sind glücklich, wenn wir zurücksetzen können, um belastbaren Grund zu erreichen. Dort entfalten wir nun unsere zerknitterte Antiquität von einer Landkarte. Und müssen erst mal überlegen, wo Norden ist. Kurzer Blick rundum. Der Himmel ist einheitlich grau. Dürfen wir dem Kompass unseres Smartphones vertrauen? Der Sensor reagiert, wie man neuerdings weiß, auch auf fremde Magnetfelder, am liebsten auf Hochspannungsleitungen. Die nächste solche Leitung suggeriert also unserem Handy, sie und niemand anderes als sie sei der Nordpol. Das geht schon mal gar nicht. Überdies haben wir vernommen, das Erdmagnetfeld kehre sich um. Etwa ausgerechnet heute?

Nun rächt sich, dass wir unser Orientierungsvermögen haben einschlummern lassen. Um es wieder fit zu machen, wird von Neurologen empfohlen, jedes Navi strikt nach Norden auszurichten. Das schule den Ortssinn. Ach ja? Unser Navi folgt bislang komfortabel der Fahrtrichtung. Es dreht sich automatisch mit, sodass wir auf der Displaykarte – egal welche Himmelsrichtung – immer nach oben fahren, immer vorwärts, wie es sich für Optimisten gehört. Die pädagogische Einstellung mit Norden stur am oberen Rand würde lästiges Mitdenken erfordern. Wenn wir auf einem nordwärts getunten Display nach Süden fahren, also nach unten, und dann von der Straße rechts abbiegen wollen, also nach Westen, dann weist der Pfeil auf dem Navi nach links. Für das Nord-Navi bleibt Westen immer links. An der Ampel sieht's anders aus.

Na gut. Mich stört so etwas nicht. Aber ich denke an meine Frau. Sie hat, wie früher meine Mutter, die Rolle der Karten lesenden und zum Anraunzen freigegebenen Beifahrerin inne.

An wie vielen Abzweigungen auf fremden Autobahnen sind wir trotz HereWeGo oder OpenStreet-Map schon heillos vorbeigetrieben! In wie vielen Städten haben wir entdeckt, dass wir dank gehorsamer Befolgung von Maps und Waze auf dem falschen Ufer des Flusses dahinrollten! Alle Sehenswürdigkeiten lagen drüben, aber wir konnten nicht rüber, weil es zwar Brücken gab, aber die waren für Autos gesperrt. »Na, dann lassen wir den bröckeligen alten Dom eben weg«, sagt meine Frau in solchen Fällen. »Wir haben schon so viele Dome gesehen.« Ja, aber nicht diesen, und ausgerechnet der soll der grandioseste sein! Echtheitssiegel vom

Weltkulturerbe, Punktesieger beim Idealo-Preisvergleich!

Am Steuer erkenne ich meinen Vater in mir. Wir Kinder saßen hinten, wenn meine Mutter so grausame Auskünfte gab wie: »Ich glaube, die übernächste Ausfahrt müsste es sein – genau. Natürlich hätten wir auch die vorige nehmen können. Das wäre sogar noch besser gewesen. Doch, ja, eindeutig. Die nächste ist falsch, aber vielleicht können wir zurück.« Als mein Vater dann schnaubend höchstpersönlich Beifahrersitz und Karte übernahm, vermochte auch er nur ganz kurz zu glänzen. Bald begann er verwundert, das Blatt auf den Knien zu drehen und die Namen und Linien mit der Wirklichkeit draußen in Einklang zu bringen. »Die Sonne ist ja links«, stellte er verblüfft fest. Ja, so was kam vor.

Und es kommt heute noch vor. Die Beschilderungen in der Fremde sind nie so, wie wir sie benötigen. Da wird großspurig auf geistlose Orte verwiesen, nicht auf die erlesenen, in die wir reisen wollen. Und vor die berühmtesten Sehnsuchtsziele sind irreführende Vorstädte gestellt worden, vollgerümpelt mit Fabriken, Lagerhallen, Deponien, mit Industrieruinen, Tankstellen, Brachflächen. Und ausgerechnet in diesen Gewerbegebieten landen wir, während wir dem Navi vertrauen, dass es uns punktgenau zum historischen Zentrum lotst. Immerhin, in der betonierten Hässlichkeit gibt es ein Fast-Food-Restaurant. Na denn. Sie haben Ihr Ziel erreicht. »Wir wollen ja auch die alltäglichen Seiten kennenlernen.«

Es gehört zwangsläufig zum Urlaub: dieses Gefühl, dass wir eine Richtung nicht gewollt haben, aber eine höhere Macht, etwa in Gestalt eines Navis, hat entschieden, dass wir da hinsollen, und jetzt müssen wir damit zurechtkommen. Sind die elektronischen Kartendienste womöglich mit dem Förderungsministerium für benachteiligte Regionen verbunden? Und lenken uns deshalb zu Outlets und in Businessquartiere, um derentwillen wir die Reise bestimmt nicht angetreten haben? Der Verdacht drängt sich auf. Und dann haben wir nicht die Kraft umzukehren und versichern einander, das hier sei ja auch sehr schön oder zumindest sehr interessant. »Umwege erhöhen die Ortskenntnis«, sagt man. »Und es gibt keinen falschen Weg für den, der zu wachsen bereit ist.«

Eigentlich haben wir keine Lust mehr zu wachsen. In Metropolen fühlen wir uns bis zu einem bestimmten Punkt ausreichend flügge und selbstständig, bis wir die U-Bahn-Station erreicht haben, an der wir aussteigen sollen. Treppauf zu steigen, bewältigen wir ebenfalls mit der uns angeborenen Urbanität. Oben erweist sich die Stadt dann als verblüffend unübersichtlich. Die Gebäude ragen höher auf, als die Darstellung auf dem Display ahnen ließ. Und die Straßen sind viel chaotischer. Beschildert sind sie nie. Das Konsultieren von Passanten verheißt keinen Erfolg. Entweder wir verstehen ihre Sprache nicht. Oder wir können uns ihre sadistischen Wegbeschreibungen nicht merken.

Und manchmal ist schlicht niemand da. Etwa

wenn wir im Skigebiet die richtige Spur verpasst haben oder nicht wussten, dass *pista nera* keineswegs »nähere Piste« bedeutet. Orientierung ade. Bretter abschnallen und in der Einsamkeit abwärts stapfen, kann nicht völlig verkehrt sein. Die Bergwacht können wir immer noch rufen, nur vor Einbruch der Dunkelheit wäre es peinlich.

Und wie steht es mit den Wanderkarten, die eine ypsilonhafte Verzweigung vorsehen, und dann kreuzen sich da sternförmig sechs Wege? Die Elektronik ist in Feld und Wald völlig verloren. Und nun auch wir. Die hilfreichen händischen Markierungen ins Grab gesunkener Heimatvereine – Raute, Hütchen, Kreuz und Kreis, rot und grün und gelb und blau, gestreift, bestirnt, gepunktet –, die werden wir frühestens entdecken, wenn wir zwei Kilometer gewandert sind. Mit denjenigen auf der Karte stimmen sie eh nie überein. »Es sieht alles gleich aus«, stellen wir zu unserer Entlastung fest. Auch die Spuren im hellen Sand. »Waren wir etwa schon mal hier?« Ja, und vermutlich bald wieder.

Ach, und die Dünendurchquerungen, die uns nach einer Stunde immer noch nicht ans Meer bringen, die Kanäle, in denen wir entkräftet die Paddel sinken lassen, die Canyons, die Wälder, die Tropfsteinhöhlen. Und die Gassen von Venedig. Das Labyrinth, in dem Sie zu meiner Rettung auftauchten.

Damals wollte ich das Venedig der Venezianer erkunden und mich dort aufhalten, wo alle sich aufhalten wollen: »abseits der Touristenströme«. Es war in dem Jahr, in dem erstmals Eintritt erhoben wurde von Tagestouristen. Der Bürgermeister hatte eine hohe Strafe verhängt für jeden, der den Begriff »morbider Charme« zu benutzen wagte, egal in welcher Sprache. Ich sprach nicht. Ich war allein unterwegs. Ich hatte mich so weit wie möglich von dem Trichter entfernt, der die Enthusiasten vom Markusplatz gen Rialto saugt. In meiner Wahnvorstellung, das wahre Venedig zu erkunden, war ich so weit gelangt, dass ich nicht mehr wusste, in welchem Sestiere ich mich befand, Dorsoduro, Santa Croce, San Polo.

Es gab reichlich einander widersprechende Wegweiser und einige Schilder, auf denen »Calle« stand mit ein paar Ziffern dahinter. Eine Übereinstimmung mit meinem Stadtplan ergab sich nie. Die Nebenkanäle ähneln einander zum Verwechseln, selbst die darüber gespannten Leinen sind überall mit derselben alten Unterwäsche behängt.

Es dämmerte. Die Einheimischen, falls es überhaupt welche gab, hatten sich zurückgezogen. Ich rastete erschöpft auf einer Stufe in einer Gasse ohne Anschluss, am brackigen Seitenarm eines der zweihundert kleinen Canali. Überraschend kam jemand suchend um die Ecke. Ich sah gleich, dass er keine Auskunft geben konnte. Denn er legte sich einen geschäftsmäßigen Schritt zu, um nicht als fremder Depp zu gelten, marschierte zielstrebig an mir vorbei, bog ab und kehrte gleich wieder beschämt zurück, denn da ging es nicht weiter. »Nach San Marco vorn links, dann die dritte rechts und dem dortigen Hinweis folgen«, habe ich ihm lässig hingeworfen.

Das stimmte zwar nicht. Aber die Einheimischen geben auch keine besseren Ratschläge.

Andere menschliche Lebewesen traf ich nicht mehr. Irritierenderweise wurden auch die Fenster nicht hell. In den meisten alten Häusern sind nur noch die Dachgeschosse bewohnt. Aber auch da oben regte sich nichts. Und unten war alles schaurig und leer. Auf fernen Brücken glaubte ich Schlafwandler auszumachen, die mit hochgehaltenem Handy ein Signal zu erhaschen versuchten. Die Irrlichter ihrer Displays schimmerten gespenstisch, doch Signale nützen nichts in Venedig. Das GPS ist für das Netz der parallel und winklig geführten Gassen nicht präzise genug. Damit jedenfalls habe ich mich getröstet, als mein Akku endgültig aufgab. Jetzt war es richtig dunkel und mir war nicht heimelig zumute.

Und dann kamen Sie. Mit Ihren Gefährtinnen. Erst war es nur ein fernes Summen, dann ein Gemurmel. Dann sah ich die Heiligenscheine vorbeiziehen am offenen Eingang meiner Sackgasse, zehn, zwölf helle Schöpfe schwebten vorbei, lauter weiße Frisuren, die das letzte sterbende Licht reflektierten. Eine Reisegruppe! Eine kultivierte womöglich! Ondulierte Damen, vitale Witwen, glücklich ihre Erbschaft verprassend! Ich sprang auf und eilte Ihnen nach. Erinnern Sie sich? Sie schauten einmal zurück, und da müssen Sie mich gesehen haben, denn Sie begannen, etwas rascher zu gehen, und trieben Ihre Freundinnen unaufdringlich zur Eile an. »Bleibt zusammen!«

Gewiss, es gibt verdächtige Gestalten in der Depressissima, wie es der Beiname Venezias besagt. Ruhelose Untote, mit Beilen bewaffnete Zwerge und dunkle Vaganten, die auch in epidemiefreier Zeit Pestmasken tragen. Aber zu denen gehörte ich nicht. Ich sah ein wenig verwahrlost aus, ja, aber ich wollte einfach zurück in die Zivilisation. Und Sie haben mich geführt. Unwillentlich, vielleicht aber auch von einer freundlichen Macht dazu berufen.

Ich blieb zehn Meter hinter Ihnen, ganz unaufdringlich, diskret. Immer so weit, dass mir das Flirren der Silberfrisuren leuchtete wie der Stern einer alten orientalischen Religion. Sie folgten einer Ortskundigen, das war eindeutig. Denn Sie gingen rasch und festen Schritts, und bald wurden die Gassen heller, das Gemurmel anderer Stimmen mischte sich ein, und dann öffnete sich plötzlich der Markusplatz, gewöhnlich von mir gemieden und nun die Rettung. Ich winkte Ihnen dankbar zu, bevor Ihre Gruppe vom Gewimmel abendlicher Ausflügler aufgenommen wurde. Haben Sie mein Winken bemerkt? Wissen Sie jetzt? Genau. Ich war das. Danke!

Noch drei Tage bis zur Endreinigung

Hilton, Hyatt, Marriot, Radisson – sicher, ja, da kann man wohnen. Auch einige inhabergeführte Hotels haben uns gut gefallen. Aber nun mal im Ernst – brauchen wir wirklich eine marmorne Eingangshalle mit rieselnder Musik und lächelnden Genderfluiden an der Rezeption? Eher nicht. Und das Frühstück ist selten das Geld wert, das uns dafür abgeknöpft wird.

Schluss mit Hotels. Wir mieten ein Apartment. Da sind wir für uns und bleiben unbehelligt von klopfenden Putzkolonnen. Wir können es als unser Zuhause einrichten.

Laut Karte liegt es günstig. Also straßennah. Züge fahren auch in der Nähe. Das wirkt authentisch. Beim ersten Durchschreiten wird unsere Stimmung ein wenig gedämpft. Die Einrichtung wurde preisbewusst ausgewählt. Alles ist so uncharmant, dass auch ein Kleptomane nichts mitnehmen würde. Beim Blick auf einige rätselhafte Flecken wird uns bewusst, dass bereits andere hier gewohnt haben. Man vereinnahmt eine Ferienwohnung ungenierter als ein Hotelzimmer und lässt sich gehen. Wir natürlich nicht! Aber unsere Vorgänger. Angesichts des dunkelbraunen Fußbodenbelages beschließen wir, hier auf keinen Fall barfuß aufzutreten.

Das Schlafzimmer hat ein Veluxfenster ohne Verdunkelungsmöglichkeit. Nun, es soll ja gesund sein, mit der Sonne aufzustehen. Wir verschieben die Betten in eine andere Position, um den wichtigsten Störfeldern zu entgehen und um der Einrichtung eine eigene persönliche Note zu geben.

Im Badezimmer ahnen wir, dass die Handtücher hier erst gewechselt werden, nachdem wir abgereist sind. Es nützt nichts, wenn wir sie auf den Boden werfen. Wir müssen sie selbst wieder aufheben. Über die Aufteilung der Ablagefläche werden wir uns schon einigen. Aber wie teuer und kostbar sind eigentlich Haken, dass es im ganzen Badezimmer nur zwei davon gibt? Oder haben unsere Vorgänger die restlichen abgeknibbelt?

Schweigend betrachten wir die Küche. Zum Teekochen reicht sie. Obendrein gibt es einen ganz kleinen Topf, in dem wir Eier kochen können, allerdings nur einzeln, nacheinander. Zum Ausgleich ein riesiges Exemplar, offenbar zum Auskochen von Windeln. Der Wasserkocher leckt. Der Toaster ist in der Lage, bereits auf niedrigster Stufe Brot in Holzkohle zu verwandeln. An kalten Tagen könnte das nützlich sein. Denn es scheint so, als ob die Heizung nicht betriebsbereit ist.

Sonderbar: Von der Fensterluke aus können wir das Dach des Hotels sehen, in dem wir letztes Jahr an diesem Ort gewohnt haben. Wir muntern uns auf: Es war deutlich teurer als diese Wohnung.

Von dem Preisunterschied können wir opulent frühstücken!

Aber zunächst müssen wir einkaufen gehen. Unsere Vorgänger haben, außer Rotweinflecken und Käsecrackern unterm Sofa, lediglich Salz und Pfeffer hinterlassen. Etwas anderes hätten wir von ihnen auch keinesfalls benutzen wollen. Nun besorgen wir also eine Grundausstattung, mit der wir uns gesund ernähren können. Wir werden Müsli essen. Natürlich dürfen wir nur so viel einkaufen, dass wir bei der Abreise unseren Nachfolgern nicht zu viel überlassen. Diese logistische Berechnung ist eine eigene Herausforderung, aber ein Urlaub ohne Herausforderung wäre langweilig!

Und jetzt noch eine glückliche Entdeckung: Wir zahlen hier nicht extra für Energie! Zu Hause denken wir immer daran, keinen Strom zu verschwenden. Hier können wir den Kühlschrank hochpowern, bei kühlem Wetter mit den Herdplatten heizen und die kleine Geschirrspülmaschine täglich laufen lassen! Zähne werden ab jetzt, schon aus Rache, nur noch bei fließendem heißem Wasser geputzt.

Die Nachbarn, jenseits der Wand, tun das ohnehin schon. Anders ist das unaufhörliche Rauschen nicht zu erklären. Auch diesseits, auf der anderen Seite des Eingangsflures, gibt es Nachbarn. Sie lassen ihre Regenmäntel vor der Tür abtropfen und stellen ihre Schuhe so auf, dass wir nur im Storchenschritt an unsere eigene Tür gelangen.

Es ist eben kein Hotel. Im Keller dreht sich unablässig die Waschmaschine für die kinderreiche

Familie von Apartment 3b. Das Vibrieren untermalt unseren Mittagsschlaf. Den Garten haben Leute in Besitz genommen, die schon eine Woche vor uns da waren, also ältere Rechte haben. Wann immer wir fortgehen oder nach Hause kommen, sitzen sie in ihren Stühlen und grüßen uns mit durchschaubarer Höflichkeit. Immerhin wohnen wir genau über ihnen und können etwas härter auftreten.

So richten wir uns mit der Zeit ein. Wir nutzen die Tassen als Müslischalen, den Blumenübertopf als Salatschüssel und die Tischdecke als Vorhang im Schlafzimmer. Nur noch drei Tage bis zur Endreinigung. Lohnt es sich, vorher sauber zu machen? Also einmal die Küche zu fegen? Oder gar das Bad zu schrubben? Wir sind im Zwiespalt.

Und was ist mit den Vorräten? Jetzt müssen wir sie plötzlich aufessen! All die Nudeln! Das Olivenöl ist nicht mehr zu schaffen. Hätten wir nur nicht so eine edle Sorte genommen! Daran werden sich nun die Nachfolger erfreuen. Neue Butter dürfen wir keine mehr kaufen, doch die alte reicht nicht. Also trockene Brötchen? Oder sollen wir etwa?

Ja. Das machen wir. Wir gehen frühstücken. In unserem alten Hotel. Ach, die marmorne Eingangshalle! Und die herrliche Musik! Die lächelnden Genderfluiden an der Rezeption! Wie schön kann das Leben sein!

Wenn der Asphalt Blasen wirft

Wir sind absolut gegen den Klimawandel. Und gegen alle Maßnahmen, die ihn beschleunigen. Trotzdem ist es uns manchmal zu kalt. Immer noch. Und zu nass. Kann es sein, dass wir trotz wärmster Monate seit Beginn der Zeitrechnung immer noch in einem Land leben, in dem es neun Monate im Jahr regnet? Und in den restlichen drei Monaten herrscht Bodenfrost?

Ja, vorläufig ist es noch so. Deshalb kommen wir an einem kalten, dunklen Abend im Spätherbst auf eine verhängnisvolle Idee. In einem Anfall von Wut und Verzweiflung buchen wir eine Sommerreise in den Süden.

Vielleicht hat jeder von uns diese Idee schon gehabt, wenn auch nur einmal im Leben. Rom im Juli, ich erinnere mich. Alle Jalousien heruntergelassen, die Restaurants geschlossen, die Einheimischen komplett im Exil im Norden. Der Urlaub bestand aus Verdampfen bei lebendigem Leib und aus Warten, dass er vorübergeht. Sie kennen das? Vermutlich waren Sie nicht im August in Madrid oder Athen, sonst wären Sie nicht mehr in der Lage, diese Zeilen zu entziffern.

Aber Sie haben mal eine südliche Insel aufgesucht. Die Landschaft war staubig, die Vegetation verdorrt, der Asphalt warf Blasen. Sie dachten, am Meer müsse es auszuhalten sein. War es Kreta, Sardinien? Das Land lag gelähmt, die Vögel schwiegen, nur Zikaden waren zu hören. Ich erinnere mich, wie Sie mit krebsrotem Gesicht vorüberwankten, in Richtung Meer. Wie Sie dann schreiend über glühende Steine stakten und in die lauwarme Brühe plumpsten. Doch, schön. Respekt! Ich war derjenige, der mit nassem Tuch auf dem Haupt im Schatten saß. Sie verzeihen, dass ich mich nicht aufraffen konnte, Ihnen das Leben zu retten. Ich war in meiner Mattigkeit gerade noch in der Lage, nach Schlangen und Skorpionen Ausschau zu halten, den einzigen Lebewesen, die sich bei solchen Temperaturen freiwillig ein paar Zentimeter bewegen.

Immerhin habe ich Sie am folgenden Tag noch halbwegs lebendig in der Kathedrale sitzen gesehen. Sie haben in einem bebilderten frommen Heftchen geblättert. Ja, auch ich habe den kühlen Segen der Kirche gesucht. Allerdings bin ich nicht so weit gegangen wie Sie, die Arme bis zum Ellbogen ins Weihwasserbecken zu tauchen. Schweigen wir davon.

Wohin sollen wir auch, wenn im Hotelzimmer die Hitze steht und die schattigen Museen geschlossen haben? Zur eigentlichen Urlaubsattraktion werden unversehens die klimatisierten Bankgebäude. Wenn sie dichtmachen, bleiben noch die Supermärkte, in denen das Obst auf Eis liegt. Ich habe in meiner Not schon so manche Truhe voller tiefgefrorener Fische umgegraben. Richtig herrlich, aber in dörflichen Gegenden rar, sind klimaversiegelte Einkaufszentren. Dort bekommen wir eine Gänsehaut. Die Angestellten tragen leichte Wolljacken. Künstliche Polarwinde durchfegen die Hallen. Das tut gut. Nur so können wir es schaffen, unseren Hitzekoller mit einer langwierigen Erkältung zu kombinieren.

Einen derartigen Eispalast zu verlassen, ist dann die grausamste Mutprobe. Jenseits der automatischen Glastüren prallen wir gegen eine Wand aus Glut. Auf dem Parkplatz spiegeln die Autos. Hatten wir nicht unseren Wagen im Schatten geparkt? Mittlerweile steht er im Fokus der Sonne. Es riecht nach verflüssigten Reifen. Die Autotür ist nur mit spitzesten Fingern zu öffnen. Wer sich hinsetzt, riskiert Verbrennungen an der Unterseite der Oberschenkel. Das Lenkrad befindet sich knapp vor dem Schmelzpunkt. Wer hat den Schokoriegel auf dem Rücksitz liegen lassen? Lassen wir das. Die Kinder quengeln ohnehin nur noch. Sie wollen Eis, können aber nicht so schnell schlecken, wie es schmilzt. Hat jemand Durst? In der Flasche siedet das Wasser.

Und, bitte, wer hat behauptet, Hitze sei erotisierend? Na gut, wir erinnern uns an den ersten Abend, als bei offenem Fenster warme Luft die Haut streichelte. Eine verwehte Fata Morgana. Mittlerweile ist die körpereigene Hormonproduktion vollständig verdorrt. Seit einer Woche sind wir nicht mehr aufs Klo gegangen. Unnötig. Alles verdunstet durch die Poren und hinterlässt lediglich salzige Kristalle auf der Haut. Übrigens auch am Haaransatz. Von der Gehirnmasse muss jetzt eine Art Pulver übrig sein, wie die körnige Basis einer Gemüsebrühe. Auch nach langem Duschen wird das Gehirn nie mehr seine frühere Größe erreichen.

Die verbliebenen Einheimischen, ausschließlich gebissfreie Hundertjährige, beobachten durch halb geschlossene Fensterläden, wie wir uns durch die Gassen schleppen. Ja, ja, wir sind die Doofen. Und warum sind wir hergekommen? Wo es doch in unserem Land so schön kühl ist! Da regnet es neun Monate im Jahr. Ach, wie herrlich!

Der Weg zum Café Tizian

An grauen Vormittagen, und wenn sonst schon alles abgegrast ist, gehen wir dann doch mal ins Kunstmuseum. Es kostet Eintritt. Aber angeblich ist es berühmt. Die Räume sind klimatisiert. Und es ist still. Niemand quäkt auf regionalen Instrumenten oder tanzt folkloristisch. Beifall wird nicht erwartet. Wir dürfen selbst bestimmen, in welchem Zeitmaß wir die Werke abhaken, wann wir aufs Klo gehen und in welcher entlegenen Abteilung wir genüsslich unseren Müsliriegel verzehren.

Wenn wir Pech haben, und das haben wir im Urlaub zuweilen, schließen sich uns die Hotelgäste an, mit denen wir am Frühstücksbuffet ins Gespräch gekommen sind. »Ach, das ist ja eine gute Idee«, freuen sie sich, als wir von dem Kunstmuseum erzählen. »Haben Sie was dagegen, wenn wir uns anschließen?« Allerdings, ja. Es wäre gruselig. Aber das sagen wir nicht.

Am besten schicken wir sie gleich am Anfang unter einem kulturellen Vorwand in ferne Säle – »Sie wollen doch bestimmt den Vermeer sehen« oder »Jeder hat ja seinen eigenen Rhythmus« – und begeben uns ins Café. Nicht sofort. Das geht technisch nicht. Ohne einen Blick auf Bilder zu werfen, kann man in dieser ruhmreichen Galerie unmöglich ins Café gelangen; das hat die sadistische Museumsleitung so angelegt. Die Direktorin weiß, dass niemand durch einen Rubenssaal eilt. Der Schritt wird dort automatisch schwer, die Beine fühlen sich adipös an.

Dürfen wir überhaupt ins Café, können wir uns im Urlaub den Kuchen noch leisten, gewichtsmäßig? Oder sehen wir dann bald so aus wie auf den Bildern in diesem Saal? Bei den Impressionisten, die auch noch vor das Café gehängt sind, bleibt meine Frau freiwillig stehen. Da wäre sie jetzt gern, in diesen duftig gemalten Landschaften. Sie fragt sich, warum wir nicht dahin gefahren sind, wo alles so federleicht scheint und blüht und leuchtet. »Das wäre doch schön! Wo ist das eigentlich?« – »Das ist mittlerweile komplett überbaut«, erkläre ich ihr. »Das sind jetzt diese Hochhausviertel rund um Paris, wo immer die Autos angezündet werden, die Banlieue. Aber sicher, klar, wenn du willst, können wir da unseren nächsten Urlaub verbringen. Ist günstig.«

Sie zieht zweifelnd weiter. Kunst, Kunst, Kunst. Wo ist denn nun eigentlich das Café, das entweder Café Gauguin oder Café Goya oder Café Tizian heißt, damit das verstaubte Gebäck als authentisch durchgeht? Die Pfeile dahin führen wie auf einer labyrinthischen Schnitzeljagd in die Irre. Wieder ein durchtriebener Trick der Direktorin?

In einem eingedunkelten Saal lockt eine lederbezogene Bank. In deren Mitte hat sich eine bebrillte Mittfünfzigerin platziert. Sie heuchelt Versunkenheit in ein biblisches Breitwandformat. Wird sie für uns beiseite rücken? Oder ist sie schon dabei, sich hinzulegen? Sie wirkt nicht mehr ansprechbar. Die museumseigene Geistesdämmerung hat von ihr Besitz ergriffen.

Auch wir selbst können uns dieses Phänomens kaum noch erwehren. Vom dritten Saal an legt sich eine bleierne Müdigkeit auf Hirn und Glieder. Es liegt an der gleichförmigen Flucht der Säle, an den mit schweren Stoffen verhängten Fenstern, am knarrenden Zeitlupenschritt der Wärter. Es liegt an den gewichtigen Werken und den leblosen Skulpturen und an den blank geputzten Vitrinen, die alle gewürdigt werden wollen und Aufmerksamkeit fordern und nichts zurückgeben. Und natürlich liegt es am bedrückten Schweigen der anderen Besucher.

Psst! Vorsicht! Da sind ja unsere Hotelgäste! Wie kommen die denn hierher in diesen cafénahen Saal? Wir haben sie doch in den Westflügel geschickt? Haben sie den etwa verfehlt? Sie haben sich doch nicht etwa schon sattgesehen an dem herrlichen Vermeer oder was immer da zum Highlight hochgejazzt wird? Und sind sie danach etwa an den erfrischenden holländischen Regenlandschaften achtlos vorübergeeilt? Was für Banausen! Aber das haben wir ja schon am Frühstücksbuffet geahnt.

Eine zu frühe Wiederbegegnung müssen wir jetzt unbedingt vermeiden. An der Kasse haben sie noch beteuert, sie fühlten sich von alten Werken immer inspiriert und von neueren schöpferisch herausgefordert und von den allerneuesten zur gesellschaftlichen Auseinandersetzung gereizt. Diese Phrasen hätten sie sich sparen können. Jetzt, detektivisch verborgen hinterm Türrahmen, sehen wir die schale Wahrheit.

Unsere Hotelbekannten gehören zu den Typen, die an der Kasse den durchgeistigten Blick aufsetzen und dann im Dreivierteltakt ihrer kulturellen Pflicht Genüge tun. Was wir da beobachten, ist typisch. Das erste Gemälde in jedem Raum betrachten sie eingehend, an den beiden folgenden gehen sie eiliger vorbei, beim vierten gibt's wieder den etwas längeren Blick, dann wieder kurz, kurz, lang und so fort im Dreivierteltakt des vorgeblichen Kunstgenusses.

Das schläfert sogar die Überwachungskameras ein. Aber wir bleiben jetzt unsichtbar dran. Der Mann, von niemandem kontrolliert, scheint seine Gefährtin (dann ist sie vielleicht doch nicht seine Frau?) beeindrucken zu wollen. Weder ihr noch den schutzlos Vorüberstreifenden noch uns Lauschern bleibt sein fachkundiges Schwadronieren erspart. Wenn neben dem Bild ein Name wie Rembrandt zu lesen ist, tritt er einen Schritt zurück, nickt anerkennend und erläutert: »Das gefällt mir, doch, ja, diese ausdrucksvollen Gesichter und diese Bildaufteilung, diese subtile Lichtbehandlung, unglaublich, schau mal, Kathrin!« Steht auf dem Schildchen hingegen Terborch oder sonst etwas Ruhmloses, äußert er: »Damit kann ich jetzt, ehrlich gesagt, nicht so viel anfangen, du?«

Kathrin schüttelt ergeben den Kopf. Schade, dass wir ihn nicht in der Abteilung fürs überflüssige

Neue ertappt haben. Dahin gehen wir zuweilen an unserem Heimatort, um zu sehen, wofür unsere Steuergelder verschleudert werden. Die Werke dort kommentiere ich nicht mehr, seit ich mal kennerisch ein dekorativ positioniertes Rohr gelobt habe – »das müsste ein Kippenberger sein« –, das kurz darauf von zwei Arbeitern weggetragen wurde, zur Heizungsmontage. Das feinsinnige Lächeln meiner Begleiterin hat sich mir eingeprägt. Es war mein letztes Wagnis dieser Art. Kurz zuvor hatte ich einen einsamen Hocker gelobt – »spiegelt beispielhaft die Vereinzelung in unserer Gesellschaft wider« –, auf den sich anschließend der Wärter setzte. Inzwischen habe ich mich oft gefragt, ob sich der überhaupt hätte setzen dürfen, obgleich doch Besucher im Raum waren? Oder gehörte er zur Installation? Dann hätte ich doch recht gehabt! Und die beiden Arbeiter waren Kunsträuber, die unter unseren Augen einen teuren Kippenberger beiseiteschafften? Zu spät.

Jetzt jedenfalls dürfen wir uns um keinen Preis erwischen lassen. Nur blockieren diese lästigen Frühstücksbanausen den ausgewiesenen Pfad zum Café. Was sollen wir machen? Wir können uns ja jetzt nicht einfach Bilder ansehen. »Es muss doch noch einen anderen Weg geben«, zischelt meine Frau. »Kommen wir durch den Notausgang hin?« – »Ist der nicht alarmgesichert?« – »Das riskieren wir!«

»Ach, da sind Sie ja!«, ruft unser Frühstücksfreund begeistert. »Ich habe Ihnen unrecht getan. Ich habe eben noch zur Kathrin hier gesagt: Die chillen bestimmt im Café!«

Wir schütten uns vor Lachen aus: »Was denken Sie denn von uns?« Wirklich zu komisch. Und eine bodenlose Frechheit obendrein.

»Matthias kennt sich super aus mit den ganzen Bildern und den Malern und so«, meint die unbedarfte Kathrin in himmelschreiender Bewunderung.

»Ja, schließen Sie sich doch einfach an!«, stimmt der Mann großmütig zu und zieht uns schon mit. »Gönnen Sie sich das! Ich führe Sie jetzt mal ein bisschen herum! Ist das in Ordnung für Sie?«

Wir nicken feige. »Das wäre toll«, behauptet meine Frau sogar. Ich sage nur: nächstes Mal die Banlieue!

Urlaub bei schwindenden Ressourcen

Wir alle sehen nur Gutes darin, wenn die Wirtschaft kaputtgeschrumpft wird, der Wohlstand das Land verlässt und der Mittelstand in Armut versinkt. Dadurch rücken die Menschen endlich wieder enger zusammen. Wärmende Werte wie Freundschaft, Nähe, Harmonie gewinnen an Kraft. Und uns wird bewusst: Wir sind für unsere Frühlingsreise ja gar nicht auf hochpreisige Boutique-Hotels angewiesen. Wir haben Freunde oder zumindest gute Bekannte! Auf jeden Fall Leute, die uns irgendwann übermütig versichert haben: Wenn ihr mal in unsere Gegend kommt, dann könnt ihr natürlich jederzeit, also, wir würden uns freuen!

Als sie das so dahinsagten, glaubten die Freunde, wir würden nie in ihre Nähe kommen. Doch da haben sie sich getäuscht. Sie mögen noch so weit von der Autobahn entfernt wohnen – wir bauen jeden Schlenker ein. Erstens ist das liebenswert. Und zweitens sparen wir durch diese Besuche so viel, dass im Sommer ein Traumurlaub drin ist. Sogar in Boutiquehotels.

Zugegeben, wir kommen nicht völlig kostenlos davon. Das wäre engherzig. Wir müssen und wollen gern etwas mitbringen. Endlich können wir die sorgsam gehegten Überflüssigkeiten aus Geschenk-schubladen und Keller entsorgen!

Und wahrhaftig, wir bereiten Freude. Geli und Edgar, die recht hübsch auf dem Lande leben, freuen sich mächtig über die ausladende böhmische Blei-kristallschale. »Das ist eine echte Rarität!«, erzählen wir ihnen. »Ein Auktionator wollte sie unbedingt haben, aber nein!, haben wir gedacht, ihr beiden ge-hört zu den wenigen Menschen, die so etwas noch zu schätzen wissen!«

Die kiloschwere Schale stammt von meiner Schwiegermutter, bei der sie bereits ungenutzt in der Vitrine stand. »Handgefertigt im berühmten Schleu-dersternschliff«, schieben wir expertenhaft nach, weil Geli und Edgar nicht auf Anhieb in Jubel aus-brechen. »Der Auktionator meinte, die Schale sei schon als Skulptur sehenswert«, äußert meine Frau wahrheitswidrig. »Man muss sie gar nicht benut-zen.« Das stimmt allerdings. Seit Generationen hat nie jemand was damit anzufangen gewusst.

Geli und Edgar bedanken sich artig. Sie bieten uns ein separates Gästezimmer, mit eigener Dusche und eigenem Klo. Das ist mehr Komfort, als wir erwartet haben. Und das Ambiente ist ansprechend. Vor dem Fenster rauscht eine mächtige Linde. Nach drei Ta-gen haben wir bereits das Gefühl, Geli und Edgar könnten unbesorgt verreisen. Wir kämen ohne sie womöglich noch besser zurecht. Bevor wir sie dazu ermutigen können, überraschen sie uns mit der Frage, wohin wir denn noch fahren wollen? Ob wir nicht bald aufbrechen müssten, um die geplante Route zu schaffen? Auf unser eiliges Angebot, wir könnten selbstverständlich auch mal einkaufen und sogar kochen, gehen sie nicht mehr ein.

Ein Jammer um die kostbare Schale. Andere werden unsere wohltuende Präsenz höher zu schätzen wissen. Jens und Margarete zweihundert Kilometer südwestlich warten schon ungeduldig. Leider müssen wir feststellen, dass sie in einer trostlosen Gegend gebaut haben. Warum das denn? Weil es hier billiger war? Eine plausible Entschuldigung fällt ihnen nicht ein.

Für Gäste – meist ihre Tochter – haben sie den Dachboden getäfelt, jedenfalls zur Hälfte. In der anderen schimmelt Gerümpel. Es ist ein bisschen zugig da oben, und zum Bad müssen wir eine knarrende Stiege abwärts. In unseren Schlaf bohrt sich ein beharrliches tiefes Brummen. Es scheint aus dem Garten zu kommen. Ein Generator? Eine Maulwurfsvergrämungsmaschine?

Am Morgen sehen wir das Unheil: eine Wärmepumpe direkt an der Hauswand. »Aber Maulwürfe vertreibt sie auch«, bestätigt Jens. Na, wenn wir Hoteltester wären, würden wir hier keine drei Sterne vergeben. Margarete kocht mit wenig Inspiration. Fast schade, dass wir den beiden als Geschenk zwei alte französische Wandteller überreicht haben. Meine Tante Edith hat so was gesammelt. Als Wandschmuck für die Küche oder einfach zum Stapeln.

Überraschenderweise wird es bei Axel und Kerstin nicht besser. Kerstin sei gerade ausgezogen, teilt er mit. Warum das denn? Weil unser Besuch bevorstand? Er wirkt übernächtigt und unrasiert. Er ist jetzt in einem Alter, in dem sich die ersten Depressionen einstellen. Zum Trost schenken wir ihm den keramischen Übertopf in Form eines Fußballs, den wir zur letzten Weltmeisterschaft bekommen haben; damals wuchs darin noch so etwas wie Fußballrasen.

»Weil du so gern Fußball spielst«, erklären wir ihm. »Es war eigentlich Tischtennis«, stellt er richtig. »Aber im Augenblick reicht es nicht einmal dazu.« Mehr als das verwaiste Kinderzimmer kann er uns nicht anbieten. Über eine defekte Modelleisenbahn stolpern wir zum Stockbett. Die Sicherheitsbalustraden sind schwer überwindbar, zumal wir nicht mehr durchs Einstiegsloch passen. Am Morgen fällt uns ein, dass wir knapp in der Zeit sind.

Wir haben ja noch Sophia unseren Besuch versprochen. Sie wird uns aufheitern. Doch das geht nicht, erfahren wir auf halbem Weg bei unserem Anruf. Dort ist Kerstin untergekrochen. Wir müssen umdisponieren. Dadurch kommen wir nun zu früh bei Mattis und Doro an. Das Bettzeug sei noch nicht gewaschen. Lediglich Schwager und Schwägerin hätten darin geschlafen und nur zwei Nächte, ob uns das was ausmache?

»Überhaupt nicht«, behaupten wir, »im Gegenteil, das ist uns eine Ehre.« Wir schweigen und überreichen als Gastgeschenk das Brettspiel Goldgräber. Das haben wir mal gern gespielt; muss vierzig Jahre her sein. »Diese alten Spiele werden heute bei eBay extrem hoch gehandelt!«, erläutern wir. Und das stimmt sogar – aber nur dann, wenn Karten und Chips vollständig sind. Das ist bei unserem Exemplar nicht ganz der Fall.

Und irgendwie nagt jetzt der Wurm an unserer Reise. Bei Schwingels müssen wir in den Keller, wo es nach Schwarzschimmel, Rotschimmel und Grünschimmel riecht. Eine historische Tiefkühltruhe röchelt mit letzter Kraft in der Ecke. Am Morgen fragen die Schwingels, ob wir ihnen rasch beim Möbelrücken helfen. Sie wollen das Wohnzimmer umgestalten. Die Bücherregale müssten in der richtigen Reihenfolge ausgeräumt werden, bevor die Biedermeiersofas verschoben werden könnten. Es passt, dass wir für sie nur die letzten Hinterlassenschaften meiner Oma parat haben: eine Reha-Greifzange und Sockenanziehhilfe aus hochwertigem Nylon.

Wolf und Linda speisen uns mit Luftmatratzen ab, durch die wir den Fußboden spüren, jedes Mal, wenn wir uns von einer Seite zur anderen drehen. Über Nacht entweicht die Luft ganz und gar, nur nicht aus dem Kopfteil. Auch ist kaum etwas zu essen im Haus. Es scheint, als eile uns ein verleumderisches Gerücht voraus. Zur Strafe bekommen Wolf und Linda das Bronchitis-Pusterohr meines Großvaters überreicht. »Das ist ein international bewährtes Gerät zur Atemoptimierung!«

Patrick bietet nur ein durchhängendes Sofa an. In schlafloser Nacht sehen wir einen Schatten heranschleichen. Etwas leckt kalt über unsere Hand, keucht und knurrt bis zum Morgen. Das alte Holzspielzeug bekommt Patrick jedenfalls nicht. Als wir uns bei Pfeiffers ankündigen, behaupten sie, sie müssten weg, aber wir könnten die Kinder hüten. Die Schultes schicken uns auf den Dachboden und schieben die Falltür zu; wir sollten im Notfall klopfen. Bei Doris ist endgültig Schluss. Die Truhe mit dem Bettzeug ist jahrelang nicht geöffnet worden, die Haare in der Dusche stammen vom Vormieter, und im Gästeverschlag kriechen schwarze Punkte über die Wand. Es hilft nichts, wir müssen eine dringende Familienangelegenheit vortäuschen.

Mit fliegenden Fingern wischen wir übers Display. Google, Trivago, Booking.com, nennt uns die besten Hotels! Nur teuerste Häuser vermögen uns jetzt noch zu retten. Wir haben alles getan, um den Degrowth zu unterstützen. Nun müssen wir wohl die Wirtschaft ankurbeln. Aber wo, fragen wir uns, wo nur sind die menschlichen Werte geblieben?! Auf der Rückfahrt gehen die ersten Anrufe ein. Die Freunde kündigen Gegenbesuche an. Wir sollen eine Doodle-Liste anlegen. Oh. Das klingt nicht nur nach konzertierter Aktion. Das klingt nach Rache.

Hundi muss zu Hause bleiben

Letzte Taschen werden ins Auto gestopft. Letzte Küsschen getauscht. »Falls es Probleme gibt, du hast unsere Nummer!« Lachen, Winken, Türenschlagen. Das Auto rollt die Straße hinunter, hupend, der Hund bellt ihm nach. Nun biegt es um die Ecke, die Familie ist verschwunden. Wir sind allein, er und ich.

Also dann. »Wir werden uns super verstehen, okay?«

Meine Freunde sind glücklich, dass ich bereit war, ihn während ihres Urlaubs zu hüten. Insgeheim habe ich nur zugesagt, um mich in ihrer herrschaftlichen Villa zu erholen. Mag auch ein Hund darin leben, den nehme ich in Kauf. Kann sein, dass er mal bellt. Das ist ja leider seine Natur. Akzeptiert.

Natürlich muss ich ihn füttern. Mache ich. Ansonsten hat er seinen Schlafplatz, seinen Gummiknochen, im Garten einen Rasen, ein paar Blumenrabatten zum Wühlen und eine Sandkiste für archaische Bedürfnisse. Einmal am Tag werde ich mit ihm spazieren gehen.

Und das ist es auch schon! Na bitte! So hütet man Haus und Hund.

Erst mal die Zimmer erforschen. Der Hund läuft chefmäßig voran. Als ich die Weinvorräte sichte, legt er den Kopf schief. »Doch, doch, mein Lieber, ich darf hier Wein trinken«, lasse ich ihn wissen. Wird er später sein Herrchen zu der Stelle zerren, wo der Grand Cru fehlt? »Dass du mir keinen Ärger machst!« Wenn es sein muss, kann ich dompteurmäßig streng sein.

Manisch rutscht er auf dem Sisalteppich im Arbeitszimmer herum. Rituale aus seiner großen Zeit als Wolf; gut, genehmigt. Im Wohnzimmer springt er aufs Sofa. »Na?«, frage ich mahnend. »Sag mal, darfst du das überhaupt?« Zur Antwort wühlt er in den Kissen mit den Seidenbezügen. Muss ich ihm das verbieten? Oder ist das eine Art Deal: Wenn ich die teuren Weine trinke, darf er ein bisschen auf Orgie machen?

Er rennt in die Küche und kläfft das Regal an. Da stehen die Dosen. Ah ja. Eine halbe soll reichen. Er mag kaum abwarten, dass ich den Napf fülle. Hechel, schlabber, sabber, würg. Innerhalb von Sekunden hat er den fragwürdigen Inhalt verschlungen. Er schaut fragend hoch. Etwa noch mehr von dem Zeug? Wirklich? Na gut, weil es der erste Tag ist. Er soll mich ja mögen. Dann kann er den Rest auch noch wegputzen. Die Familie soll ihn dann auf Diät setzen.

»Und jetzt machst du dein Nickerchen!«, erkläre ich ihm. Er flitzt zur Tür und fiept. Hat er den Briefträger gehört? Läuft da ein Wildschwein vorbei? Ein Eichhörnchen? Nein, er will raus. Einfach so. Ohne vernünftigen Grund. Will rumlaufen. Unbeaufsichtigt darf er das nicht. Na, dann holen wir mal die Leine. Er fängt an zu tanzen.

»Moment! Moment!«

Wie legt man einem Irren ein Halsband um? Ich habe nie in einer psychiatrischen Anstalt gearbeitet. Die sollen ausgebuffte Tricks haben, notfalls sprayen und spritzen und tasern sie was. Aber hier? Er heult, er jault, er wirft sich gegen die Tür, er kratzt den Lack ab. Waren diese Schrammen schon vorher da? Hoffentlich.

»Aber wir gehen ganz gemächlich, ja?« Er hechelt. Ich bin Hundeflüsterer aus Intuition. »Ganz ruhig, okay? Hektik kann ich nicht leiden, kapiert?«

Drückt dieser Hundeblick Zustimmung aus? Einsicht? Vernunft? Vermutlich. Viele Hunde sind ja sehr klug.

Aber nicht dieser. Kaum ist die Tür geöffnet, schießt er davon. Meine Hand krampft sich um die Leine. Waagerecht fliege ich durch den Garten, mit einem halben Meter Luft unter mir. Am Tor erstarrt der Nachbar.

»Mein Name ist Bittrich. Ich hüte hier ein!«, rufe ich im Vorüberrauschen, während ich um Bodenhaftung kämpfe. Endlich graben die Schuhe eine Bremsspur in den Sand. So ähnlich muss sich Wasserski anfühlen. Oder biologisches Pflügen. Könnte ich womöglich mit ihm den Rasen vertikutieren?

»Jetzt aber mal langsam!«

Unmittelbar vor dem Laternenpfahl fällt ihm ein, die Seite zu wechseln. Ich schaffe es nicht, ihm zu folgen. Schon spannt die Leine sich um den Pfahl. Er zerrt auf der einen Seite, ich auf der anderen. Spaziergänger bleiben fasziniert stehen. Die ersten zücken ihre Smartphones, um die Szene zu filmen, für TikTok und Instagram Reels. Bei der *Pannenshow* bekommen sie für jeden Clip fünfzig Euro. Das hilflose Opfer geht leer aus; meist erlebt es nicht einmal mehr die Ausstrahlung.

»Kommst du zurück?« Ich zische durch die zusammengepressten Zähne. »Willst du wohl herkommen?«

Nein. Will er nicht. Tut er nicht. Immerhin stehen geblieben ist er. Interessiert sieht er zu, wie ich um den Pfosten herumkrieche, unter der straff gespannten Leine hindurch. Ja, ja, ich bin der Depp. Nun zerstreut euch, Leute. Cut. Ladet das hoch, wohin ihr wollt. Hier gibt es nichts mehr zu sehen.

Und weiter. Ich bin ins Schwitzen gekommen. Bestimmt ist so ein Hund auch gut für die Kondition. Gerade der plötzliche Tempowechsel stärkt den Herzmuskel. Moment – müsste er an der Querstraße nicht eigentlich anhalten?

»Stopp! Aus! Platz! Sitz!«

Düstere Erinnerungen an einen frühen Winter steigen auf. Damals sollte ich den Hund meiner Großmutter hüten; auf unseren Rat hin verbrachte sie die Jahreswende im Krankenhaus. Ich wusste nicht, was Silvester für Hunde bedeutet. Ich dachte, sie haben Spaß, stoßen mit an und bebellen um Mitternacht überglücklich das neue Jahr.

Also begab ich mich mit Großmutters Liebling

auf einen nahen Hügel, um ihm das Feuerwerk zu erklären. Beim ersten schlappen Böller jaulte er auf. Beim nächsten riss er sich los. Nicht mehr zu bändigen, auf niemanden achtend, jagte er hysterisch jedem Knallfrosch nach, jedem Pyrocracker, umtanzte jaulend knatternde Salven, bekämpfte bengalische Geister und sprang heiser kläffend jeder sprühenden Rakete nach.

Am Ende roch er angebrannt und hatte ein neues Muster im Fell. Zwei Tage lang lag er traumatisiert unter der Küchenbank, und mich beschlich das Gefühl, seine Lebenserwartung um ein paar Jahre verkürzt zu haben. Zum Glück starb zuerst meine Großmutter.

Dieser Gefährte hier ist tougher. Was gräbt er jetzt in der Blumenrabatte? Ist das detektivisches Knochensuchen? Die uralten Instinkte sind auch in den neuesten Züchtungen lebendig. Oder war er mal bei der Mordkommission? »Ist das Ihr Hund?«, ruft die Gartenbesitzerin und eilt rotgesichtig herbei, die Hände energisch am Kittel abwischend.

»Nein, nein«, stottere ich wahrheitsgemäß und reiße ihn fliehend mit fort.

Und was ist das? Worauf kaut er jetzt? »Was hast du gefressen!?«

Plastik aus China? Eine verendete Maus? Einen vergifteten Köder? Wird er gleich ächzend zur Seite sinken? Muss ich den Notarzt bemühen? Gibt es überhaupt einen für Tiere? Oder reicht die gewöhnliche Herz-Lungen-Maschine?

Erleichterung. Er läuft weiter. Nein, er bleibt stehen. Er hockt sich hin. Oh. Ach so. Kapiere. Pardon. Mitten auf den Weg also. Wie war das noch mit der Plastiktüte? Das wird doch hoffentlich nicht gesetzlich vorgeschrieben sein? Ich bin gegen Plastik. Alles soll naturbelassen bleiben, wie bei der Kaltextraktion von Olivenöl, und so ähnlich ist das ja auch hier. Andererseits habe ich mal was von hundert Euro Bußgeld gelesen.

»Das ist strafbar!«, zische ich. »Du wartest, bis wir um die Ecke sind.« Er schaut begriffsstutzig hoch. Ich wiederhole schärfer: »Bis wir um die Ecke sind!«

Nichts zu machen. Bilde ich mir das ein, oder werden wir mittlerweile wie Extremsportler von einem Pulk von Zuschauern begleitet?

Meine Damen und Herren, wenn Sie bitte einen Augenblick woanders hinsehen, da drüben zum Beispiel … und im Übrigen drückt sich in dieser Szene genau der unmittelbare Bezug der Natur aus, den wir alle erstreben, das ist lebendige Ökologie! Hier wird zusammengebracht, was zusammengehört. Und außerdem wird dieser echte Wolfsnachfahre gleich Staub und Erde darüberkratzen, mit den Hinterpfoten, nach uralter Angewohnheit seiner Rasse.

Tut er nicht? Tut er nicht. Muss eine andere Rasse gewesen sein.

Rasch weiter. Regen. Nun gut, bei den tief hängenden Wolken war das nicht auszuschließen. Heimwärts! Gehört es zu meinen Pflichten, ihn später im Haus trocken zu reiben? Oder reicht es, wenn er sich schüttelt, wie damals in freier Wildbahn, nur eben jetzt neben dem Bücherregal?

Im Hauseingang komme ich knapp noch dazu, ihm eine Pfote abzuwischen oder jedenfalls damit zu drohen – schon ist er entsprungen. Die anderen Pfoten wischt er auf dem Sofa ab. Warum müssen die Leute so helle Stoffe haben?

Am Abend hüpft er aufs Bett. Dass er das nicht darf, steht außer Frage. Aber wie kriege ich ihn wieder herunter? Dem liebevollen Zugriff entwindet er sich. Er schlüpft mir durch die Arme. Soll ich ihn samt Überdecke in einem überfallartigen Schwung herunterziehen? Vielleicht wäre es gut, wenn er mal merkt, dass ich nicht nur nett bin? Ich kann streng sein! Oh ja! Oder beißt er dann?

Das Telefon klingelt. Er jagt kläffend ins Arbeitszimmer. Japsend wälzt er sich auf dem Sisalteppich. »Ist ja gut, ist ja gut! Das sind sicher Herrchen und Frauchen und Bübilein!«

Wie es ihm geht, wollen sie wissen.

»Oh, super, würde ich sagen! Wir sind schon viel spazieren gegangen, er ist ja herrlich lebhaft! Wir müssen uns kaum noch aneinander gewöhnen, es geht schon richtig gut mit uns beiden. Im Augenblick freut er sich riesig über euern Anruf! Er rutscht hier ganz ausgelassen auf dem Sisalteppich herum und winkt mit beiden Pfoten!« Oder würde winken, wenn er das draufhätte.

Was denn, staunen sie, rutscht auf den harten Fasern herum? Ja, genau.

»Etwa auf dem Po?«, forschen sie.

»Kann man sagen, ja, sieht im Augenblick so aus.«

»Ach, dann sind die Würmer doch noch nicht weg!« Ich höre das tausend Kilometer entfernte tiefe Empfinden für die leidende Kreatur.

Würmer? »Dann musst du ihm Möhren ins Futter reiben«, erläutern sie.

Möhren. Alles klar. Ein paar davon esse ich dann wohl besser auch.

»Würmer sind hartnäckig«, fällt ihnen noch ein. Na, wunderbar.

»Aber ansonsten kommt ihr gut miteinander aus, und du kriegst deine Ruhe?«

»Oh ja, doch, der Anfang war vielversprechend«, sage ich entkräftet. »Und wenn es so weitergeht, wird es bestimmt eine schöne Zeit.«

Für ihn jedenfalls. Er wird mich ausnutzen. Er wird abends mit mir fernsehen, also auf einer Schlange der Fußbodenheizung liegen, ungefähr zehn Minuten lang, dann gähnen, sich strecken, auf eine kältere Stelle wechseln, nach einer Zeit wieder in die Wärmezone zurückkehren und so weiter, wie der verantwortungsbewusste Nutzer eines Solariums. Und zwischendurch wird er auf dem Sisalteppich herumrutschen, während ich Möhren reibe.

Er wird es genießen, wenn ich ihm mit drahtiger Bürste ein Peeling gewähre. Er wird sich auf den Rücken legen und signalisieren, dass auch der Bauch gestriegelt werden soll, auch die Weichteile. Anschließend werde ich Kletten und Haarbüschel aus den Borsten klauben. Ich werde mir die Hände waschen, vielleicht sogar mit einer Tendenz zum Zwanghaften.

Er wird mich mögen und freudig schwanzwedelnd meine ausgedruckten Dokumente zerfleddern und die Maus des Notebooks beiseitefegen und sie anschließend noch anbellen, obwohl sie nach seinem kräftigen Biss mausetot ist. Darf ich mich gelegentlich dadurch rächen, dass ich ihn auf den Parkettboden des Hinterzimmers locke? Der ist so glatt, dass die Pfoten keinen Halt finden und er klackernd zur Seite wegrutscht.

Nachts werde ich von seinem Bellen wach werden, weil er Einbrecher gehört hat. Oder war es nur ein Kaninchen? Hoffentlich! Er zittert am ganzen Leib. Ich ebenfalls. Er beruhigt sich später wieder, ich nicht. Dann wieder, in der unheimlichen Stunde vor Morgengrauen, erwache ich in Alarmstimmung. Als großer bebender Schatten steht er vor meinem Bett.

Was will er mir sagen? Was ist los? Ist ein Sturm im Anzug? Ein Komet? Schlimmeres? Gewisse Rassehunde sind berühmt für ihre seismografische Sensibilität. Sie spüren Erdbeben zwanzig Minuten im Voraus. Gehört er dazu? Die tektonischen Plattenverschiebungen gefährden inzwischen auch Deutschland. Wird gleich das Dach einstürzen? Oder, ganz anders, verwandelt er sich um diese Stunde in einen Werwolf?

Einer von uns, das sagt mir meine Intuition, wird überleben. Ich wünsche es ihm von ganzem Herzen.

Plötzlich Trauzeuge

Was für ein Jammer. Auf einmal wird geheiratet! Unter der Linde auf dem historischen Marktplatz. Oben auf dem Leuchtturm. Am Strand mit den Füßen im Wasser. Sogar in der Kirche. Die Stadtmauern und die Gassen mit den hübschen Fachwerkhäusern, die wir vor zwei Jahren noch ganz für uns hatten, werden in diesem Sommer von feiernden Gästen erobert. Das ehemals schlummernde Städtchen hallt wider von ihrem Johlen. Vom Knallen der Sektkorken. Von Paaren, die gerade das sogenannte Jawort geäußert haben und die nun mit ihrem beschwipsten Gefolge jedes Fleckchen belagern.

Misstönend singen sie vor dem alten Rathaus, werfen Münzen in den wehrlosen Brunnen und verwandeln die Beete des Klostergartens in einen Hüpfparcours. Das Stadttor mit dem Walmdach haben wir zum Glück schon vor Jahren fotografiert. In diesem Sommer wäre es unmöglich. Wann immer wir dort vorbeikommen, posiert mittig unter der Bogenlaibung ein Paar für kommandierende Fotografen.

In banger Ahnung folgen wir dem Geheimpfad zu

unserer lauschigen Bucht, die wir in vielen Jahren als Privatstrand genossen haben. Und ja, unvermeidlich, Hochzeiter haben auch dieses Paradies in Besitz genommen. Gleich drei Paare folgen parallel den Anweisungen ihrer Content-Creator und posieren küssend am Saum des Meeres. Der Livestream wird an Gäste übertragen, die nicht anwesend sein können.

Über der fülligsten Braut schwebt eine Drohne. Wenn das kiloschwere Teil abstürzt, wird sie samt Ehemann auf dem Höhepunkt ihrer Illusionen ins Nirwana befördert. Das wäre doch was! Wir, als Urlaubsvertriebene, hätten jedenfalls nichts dagegen. Doch die Drohne stürzt nicht ab. Vielmehr nimmt sie ganz nebenbei nun auch uns auf, damit die Betrachter später ihren Gästen mitteilen können: Was die beiden Spacken da wollten, wissen wir auch nicht.

Was wir da wollten? Wir wollten unsere Bucht zurück, unser Städtchen, unsere Insel!

Das ist unmöglich. Und es war ja auch nie unsere. Das wird uns jetzt schmerzlich bewusst. Was überall auf der Welt mit malerischen Orten geschieht, passiert jetzt auch hier: Die schlafende Schöne – Kotor, Aeroskobing, Cinigiano – wird zur Wedding-Destination deklariert. Manchmal hat ein Bürgermeister die Idee. Häufiger sind es die Erbinnen niedergehender Betriebe, die sich zu Wedding-Plannern mausern. Regionale Blumen pflücken, Kränze winden, Kuchen backen, das konnten sie eh schon. Jetzt, mit juristischer Nachhilfe und freundlichen Apps zu

Orga und Planung, machen sie ihr Hobby zur Profession.

Die Wandlung ist spektakulär. Meine Frau und ich haben einst auch an einem lieblichen Ort geheiratet; aber in einer Form, die heute allenfalls als Micro-Wedding durchgehen würde. Womöglich haben wir etwas verpasst? Meine Frau hatte es sich damals schon etwas aufwendiger vorstellen können und auf jeden Fall romantischer. Doch die Hochzeiten hier, in diesem alten Fischerstädtchen am Meer, werden aufgezogen wie Klassenfahrten für Erwachsene und dauern drei, vier Tage mit Weinprobe, Kochkurs und Bootstour.

Als wir durchs Wäldchen radeln, stoßen wir auf geparkte Cateringwagen. Eine Dame mit Schürze eilt eben über einen Waldpfad davon. Wir folgen mit Unschuldsmiene. Auf einer Lichtung sind – gewiss mit hiesigen Wachtelkönigen abgestimmt – lange Tische aufgestellt worden. Servicepersonal huscht hin und her. Blumenarrangements werden bewusst asymmetrisch ausgerichtet und mit Früchten und Gemüse kombiniert. Die Tafel soll einem barocken Stillleben gleichen. Gläser und Kerzenständer tragen Schleifchen.

Etwas abseits baut ein Jüngling an einer Champagnerpyramide. Wir zählen dreißig Gläser, sechzehn auf der ersten Ebene, quadratisch gestellt; neun auf der zweiten, dann vier, ganz oben eines. Aha, so geht das. »Kannst du zu Hause auch mal versuchen«, wünscht meine Frau. Hm, ja. Dann fange ich mit fünf Gläsern an. Man soll ja was lernen auf Reisen.

In früheren Jahren haben wir an dieser Stelle Rehe beobachtet. Wo sind die jetzt? Übers Meer geflohen? Falls sie im Dickicht abwarten, werden sie gegen Morgen witternd hervortreten und Reste äsen.

Gehen wir lieber, bevor ein glückliches Paar mit seinem Schweif übermütiger Gäste naht und uns als Clowns engagiert. Es ist eh schon reichlich Entertainment für die Gesellschaften unterwegs. Wir sind Zauberern und Schnellzeichnern begegnet, anmutig gekleideten Elfen, Feen, Harlekinen, einer ansprechenden Seejungfrau und mehreren Bands. Die Musiker stehen nicht auf einer Bühne, haben wir dabei bemerkt, sondern mischen sich unter die Gäste. Das nennt sich Walking-Band und klappt optisch gut, akustisch gar nicht.

Zweitausend Paare heiraten auf dieser ehemals uns vorbehaltenen Insel. Zweitausend pro Sommersaison. Das erzählt die ehrenamtliche Helferin im Rote-Kreuz-Laden. In dem Laden wird Antiquarisches angeboten, Ramponiertes, Aussortiertes. Wir fühlen uns zugehörig. Mal kurz nachgerechnet: Wenn die Saison im April beginnt und im Oktober endet, müssten mindestens zehn Paare pro Tag heiraten und mit ihrem Gefolge den Ort beglücken. Wegen der geringen bürokratischen Hürden seien auch etliche Scheinehen dabei, ergänzt die Ehrenamtliche. »Aber die halten oft länger.«

Wir kaufen ihr vier antike Gläser ab und für jeden von uns einen alten Fischerhut. Secondhandbrautkleider gebe es erst ab Oktober wieder, sagt sie.

Auch recycelte Dekoration. Viele Paare wollten nachhaltig heiraten und setzten auf Gebrauchtes. »Sie nennen es Vintage.« Dazu gehören seit geraumer Zeit Trockenblumen, wie unsere Eltern sie als Staubfänger an der Wand und auf der Anrichte hatten. Vor vielen Jahren haben wir die Gestecke erleichtert entsorgt. Jetzt könnten wir sie trendy verkaufen.

Dürfen wir uns irgendwo am Dessertbüfett bedienen? Als Vintage-Gäste? Zur Entschädigung dafür, dass so viel Rummel herrscht, wo uns einst Frieden vergönnt war?

Als wir mit unseren eigentümlichen Hüten vor die Tür treten, naht ein Hochzeitszug. Man spricht Deutsch. Ein Teilnehmer springt heraus und filmt eine kurze Sequenz: die alten Fassaden der niedrigen Häuser und uns mit unseren Hüten.

»Die Einheimischen haben echt ein Rad ab«, hören wir noch.

Na gut. Dann sind wir jetzt als Reel auf TikTok oder Instagram. Honorarfrei. Aber womöglich werden wir entdeckt? Bis das der Fall ist, schauen wir mal nach Orten, die hübsch und beschaulich und noch vollkommen im Frieden sind. Da gründen wir dann eine Hochzeitsagentur!

Bagger, Rammen, Presslufthämmer

Du musst in die innere Stille tauchen«, belehrte mich meine anthroposophische Tante Gertrud. Aus Indien zurückkehrend hatte ich ihr von dem abenteuerlichen Lärm dort erzählt. Sie ließ kein Mitgefühl erkennen. Sie hatte vom Aufenthalt in einem Trappistenkloster gelesen. Dem frommen Autor war es gelungen, der Stille zu lauschen. Allerdings mit dem Resümee, dass auch bei Schweigemönchen das Geschirr klappert, die Schritte in den Gängen hallen, beim Essen das Gebiss schmatzt und anschließend die Klospülung geht, und zwar mehrfach.

Etwas stört immer. Deshalb der wohlfeile Rat, die innere Stille zu entdecken. Gelegenheiten gibt es reichlich. Zum Beispiel auf Spiekeroog, wo Autos und Fahrräder verboten sind, das nervtötende Hufgeklapper der Kutschenpferde aber nicht endet. Oder wenn über den dünn besiedelten Flächen der Uckermark nicht nur der Sturm fegt, sondern die Wälder von Windrädern mit ihrem Infraschall die Nerven testen. Auf dem großen See wird unser geräuschloses Kanu von Motorbooten überholt. Unterm Baumhaus, um das nur die Blätter rauschen sollen, toben bei Nacht die Wildschweine. Die Eber fechten aus, wen von uns sie aufspießen dürfen.

Lauschen wir also in die falsche Richtung, nach außen? Die Umkehr der Aufmerksamkeit ist schwierig.

Wie wunderbar still ist es auf dem Bergpfad! Wir vernehmen nur das Geräusch der kleinen Steinchen, die sich bei jedem Tritt lösen und munter bergab kullern. Eigentlich stört nur der Schrei eines Wanderers, der hundert Meter tiefer davon getroffen wird. Aber sonst: majestätische Ruhe. Erst bei der Rast am Gipfelkreuz ist etwas wahrzunehmen, zu unserer Überraschung tief unten aus dem Tal. Ein Moped.

Ist das elende Teil getunt? Wir hören es vor dem Bauernhof aufquäken, dann mäht es sich mit sturem Näseln dreizehn Kilometer talabwärts Richtung Ebene, wo sich sein Sound im Rauschen der Autobahn verliert. Anschließend haben wir Zeit, der Kreissäge zu lauschen. Die Berghänge vervielfachen die Schallwellen. Von hier oben sehen wir endlich das Sägewerk, überraschend weit entfernt von unserer Pension. Trotzdem beherrscht dieses Sägen unsere Tage. Wann ist endlich Schluss mit dem Abholzen der Bergwälder? Kann es wenigstens während unserer Ferien kurz unterbrochen werden?

Und warum müssen die Leute unentwegt bauen? Ich meine nicht die berühmten Presslufthämmer, Bagger und Dampframmen, die unser Hotel für seinen Erweiterungstrakt benötigt, unter dem Motto: Wir bauen für Sie. Nein, ich rede von entlegenen Dörfern in abgeschiedenen Provinzen, wo nur Pinien rauschen und Grillen zirpen. Sobald wir dort Urlaub machen, beginnt jemand, ein Haus zu errichten. Mag es auch am anderen Ende des Dorfes sein, mit abstoßendem Fleiß wird geklopft, geschabt, gehämmert. Plötzlich Ruhe. »Ah, sie machen Pause!« Wir eilen auf die Terrasse zu unseren Liegestühlen. Siesta! Pinien rauschen, Grillen zirpen! Und nun hämmert der Lehrling Nägel ein. Er muss nachsitzen.

»Weil alles andere hier so still ist«, versichern wir uns gegenseitig. »Nur deshalb fällt es uns auf!« Aber ein Trost ist das nicht. In dem kleinen Piemonteser Seitental gibt es außer unserem modernisierten Bauernhaus in idyllischer Alleinlage rein gar nichts, lediglich eine kaum befahrene Straße. Man hört die Autos erst, wenn sie drei Kilometer oberhalb über den Pass kommen. Von dort an können wir ihren Weg Richtung Kreisstadt verfolgen. Nach jeder Kurve geben sie Gas. Außerdem fallen die dilettantischen Schaltvorgänge auf. Warum sind die Einheimischen hier noch nicht im elektrischen Zeitalter angekommen? Wieso malträtieren sie so archaisch röhrende Oldtimer?

In Skandinavien werden die Leute nur laut, wenn sie betrunken sind, was allerdings häufig der Fall ist. Im Süden gilt Lärm als männlich und als täglich zu bringender Existenzbeweis. Alle, die eine Hupe haben, hupen. Alle, die ein Martinshorn haben, lassen es jaulen. Alle, die einen Auspuff haben, entfernen den Schalldämpfer. »Unglaublich, diese Vitalität«, lächeln wir unter Kopfschmerzen. Unser Hotel in Cordoba liegt in einer kleinen Seitenstraße. Aber der Electronic Dance Club auch. Die griechische Fähre hat dermaßen urtümliche Turbinen, dass wir unsere Unterhaltung auf Zetteln fortsetzen. Wir sind zufrieden, wenn sie nicht untergeht.

In Madrid stürzen wir nachts um vier ans Fenster. Ein Attentat? Nein, die städtische Müllabfuhr nutzt die ruhige Zeit, um Container krachen zu lassen. Und warum läuten in Südfrankreich um fünf Uhr morgens die Glocken? Pilgert da jemand zur Kirche? Oder ist das eine Buße, die ein Exilpapst im 14. Jahrhundert dem Land auferlegt hat?

Im israelischen Hotel schlafen wir nicht weit genug entfernt vom sogenannten Sabbath-Fahrstuhl. Er fährt unablässig, hält auf jedem Stockwerk, aufwärts wie abwärts, öffnet jedes Mal geisterhaft die Türen und schließt sie wieder, die ganze Nacht. Auch tagsüber sehen wir nie einen frommen Menschen einsteigen, dem es untersagt wäre, die Knöpfe zu drücken. Oder wir sind einfach nicht mehr wach genug, um es wahrzunehmen. In Kerala beginnt um vier Uhr morgens die landesweite Beschallung mit Mantren aus Lautsprechern. Auf La Palma bellen verwilderte Hunde bis Sonnenaufgang. Dann kommen die Hähne.

Alle Laute, heißt es in den Psalmen, preisen den Herrn. Es mag helfen, wenn wir uns das ins Gedächtnis rufen. Dann denken wir nicht mehr darüber nach, was da bei jedem Windhauch klappert. Wir klagen nicht mehr über Mofas, Mäher, Musikanten. Nein. Auch nicht über die romantische Wassermühle, deren Knarzen und Rumpeln uns nötigt, aus Klopapier Ohrstöpsel zu formen. Und selbst ohne Mühle sind einige Bäche einfach zu laut. Wahrhaftig, die Natur selbst lärmt gern. Das Geschrei von Brüllaffen soll im Umkreis von fünf Kilometern zu hören sein. Im Urlaub reicht bereits eine Zikade vor dem Fenster oder eine Taube auf dem Dach oder ein verliebtes Siebenschläferpaar im Gebälk. Oder eine Mücke, die es auf unerklärliche Weise ins Innere unseres Moskitonetzes geschafft hat und uns nun was vorsingt.

»Im Kern jedes Geräusches ist es vollkommen still«, hat die Tante einst feierlich verkündet. Damals fand ich das bedenkenswert. Heute weiß ich, was für ein Unfug das ist. Wir halten uns nun mal nicht im Inneren eines Atomkerns auf und können auch nicht durch jeden Lärm ins Vakuum tauchen. Sind wir hochsensibel? Wenn's drauf ankommt, ja.

Aber, ach, unser akustisches Gedächtnis ist gnädig. Am Ende der Ferien, zu Hause angelangt, haben wir all die Sirenen und Düsen, die Ventilatoren, Generatoren, Wärmepumpen und Eismaschinen bereits vergessen. Und falls dann unsere Nachbarin Klavier übt und der schlaflose Alte über uns sein Schwerhörigenprogramm einschaltet, seufzen wir: Wie schön war es im Urlaub! Diese Stille!

Highlights der Altstadt

Dreiundsiebzig Prozent des Autoverkehrs in deutschen Innenstädten bestreiten Fahrer, die einen Parkplatz suchen. Um auf hundert Prozent zu kommen, sollen rasch die letzten Parkmöglichkeiten abgeschafft werden. Die eleganteste Lösung besteht bislang darin, verfügbare Flächen mit Betonpollern, Rammschutzpfosten und Stahlbügeln vollzustellen. Anders ist die angestrebte Verödung der Innenstädte nicht zu schaffen. Und das wünschen wir uns schließlich alle. Wir wollen Lost Places auch zu Hause. Rückeroberung durch die Natur. Überwachsene Ruinen wie in Angkor Wat. Selbst von den charmantesten Einkaufsstraßen soll nur bleiben, der durch sie hindurchging, der Wind.

Das streben wir an. Und dennoch kommt es vor, dass wir uns freuen, wenn wir einen freien Parkplatz entdecken. In deutschen Städten geschieht das selten. Aber in der Ferne kommt es noch vor. In unserem Reiseland zum Beispiel, oft ganz unerwartet und überraschend. Wir haben es in Aix-en-Provence erlebt, auf Kreta, in Andalusiens weißen Städten, sogar in Lissabon und in Prag.

Meine Frau und ich reisen ausschließlich mit windgetriebenen ICEs und Elektroflugzeugen. Wir benötigen keinen Parkplatz in mittelalterlichen Gassen oder in der Nähe eines berühmten Doms. Aber falls wir unversehens doch einen freien Platz sichten, freuen wir uns. Oder jedenfalls einer von uns. Ich. Ja, ich kann mich noch freuen über solche Kleinigkeiten.

»Schau mal, wenn wir mit dem Auto gekommen wären, hätten wir hier parken können«, informiere ich meine Frau. »Die Lücke wäre tatsächlich groß genug!« Der Blick schweift über urzeitliches Kopfsteinpflaster und handgeschnitzte Fassaden mit dezenten Läden im Erdgeschoss. »Oder dort drüben!«, rufe ich begeistert. Ist das zu glauben? Da würde unser aufprallgeschützter Kompaktwagen mühelos reinpassen! Meine Frau nickt desinteressiert.

Mein Auge hingegen ist durch langjähriges Training für die entlegensten Möglichkeiten geschult. »Da hinten!«, rufe ich. Das ist echte Freude. Und verreisen wir nicht für solche Entdeckungen? Nicht dass ich Schlösser, Dichterhäuser, Kathedralen übersehe. Keinesfalls! Aber ich achte auch auf das, was im wirklichen Leben wichtig ist. »Da an der Ecke! Okay, der ist knapp, oh, der ist sogar sehr knapp! Man müsste ein bisschen rangieren, aber das würde ich schaffen! Du vielleicht auch!«

»Wir brauchen hier keinen Parkplatz«, erinnert mich meine Frau.

»Das ist mir klar, aber wenn wir einen bräuchten, dann wäre er hier.«

»Den Palazzo Pubblico hast du wahrgenommen?«, möchte sie wissen.

Palazzo was? »Ja, klar! Ist ein Highlight!«

»Auch den Laubengang, die Dreibogenfenster, die Travertinkrone?«

»Genau, finde ich grandios!« Travertinkrone? Sind hier Royals unterwegs? König Travertin und die Seinen?

»Der Turm ist exakt hundertzwei Meter hoch«, erklärt meine Frau.

»Das meine ich doch! In dem langen Schatten könnten wir parken!«

Denn das Auto soll sich nicht so erhitzen. Das geschieht leicht bei den südlichen Temperaturen. Der klimafreundliche Ton meiner Frau wird nun von selbst ein wenig kühler.

»Außerhalb der Stadtmauern«, lässt sie mich wissen, »gibt es riesige Parkflächen. Vielleicht magst du mal eine Tour dorthin machen?«

»Nein, ich möchte hier parken«, sage ich trotzig. »Na, lassen wir das Thema.« Zu Hause wäre sie froh über so viel Freiraum direkt am Ziel. Sie mag es nur nicht zugeben.

Es ist nicht so, dass ich pathologisch fixiert bin auf Parkplätze. Ich habe lediglich das gewisse Auge. Und ich weiß mich noch zu freuen. Es gibt selbstverständlich noch vieles andere, das mir auffällt in fremden Ländern, zumal auf Kultur- und Studienreisen. Zum Beispiel Mülleimer. Ja. Mülleimer gibt es auch in fernen Breiten. Zuweilen in sonnigem Gelb, aber auch in Türkis und in frischem Orange.

Ich habe von Mülleimern schon etliche viel beachtete Fotos gemacht.

Bei uns daheim im Viertel ist die Abfuhr eingeschränkt worden, als erzieherische Maßnahme. Seither interessieren mich fremde Deponiemöglichkeiten. Wie sind die Sitten und Gebräuche anderer Völker, wenn sie ihren Müll entsorgen möchten?

Zu Hause stellen wir aussortierten Plunder seit einiger Zeit in Kartons auf die Gartenmauer, im Sinne der Nachhaltigkeit. Backsteinerne Gartenmauern begleiten die gesamte Straße. Trotzdem wird der Platz darauf allmählich knapp. Viele mitdenkende Nachbarn stellen ihren Müll für die Allgemeinheit auf, oft mit einem liebevoll gemalten Schild: »zum Mitnehmen« oder »zu verschenken«. Man nennt es Kreislaufwirtschaft. Nur leben wir in einer humiden Zone. Es regnet häufig. Die Kartons quellen auf. Sie werden breiter. Der Platz auf der Mauer wird eng.

In fremden Ländern hingegen, in denen es trockener zugeht, ist noch Platz für Müll. Ich lasse die herrlich großen Container an Autobahnraststätten beiseite. In Deutschland wurden leider die Einlässe verkleinert, sodass die Entsorgung defekter Gartenmöbel oft nur unter großen Mühen gelingt. Andere Länder sind weniger missgünstig. Vielleicht ahnen sie auch, dass deutsche Touristen nur ausnahmsweise alte Sofas mitbringen.

So entdecke ich immer wieder unausgelastete graue Eimer in den Gassen mittelalterlicher Städte. Alte Burgtore, Stadtmauern, Fachwerk, verwinkelte Gässchen. Und Mülltonnen vor den Hauseingängen.

An diesem Tag jedenfalls. »Hier könnte man ohne Weiteres noch eine Tüte draufpacken«, bemerke ich bei unserem romantischen Rundgang. »Sogar eine prall gefüllte 35-Liter-Tüte würde reinpassen«, schätze ich fachmännisch ab. »So eine schwarze, mit rotem Zugband.«

»Hast du eine dabei?«, fragt meine Frau ein wenig sarkastisch.

»Leider nicht.« Stattdessen musste ich am Abend vor der Abreise last minute im Schutz der Dunkelheit aus dem Haus schleichen und die Entsorgungsmöglichkeiten in fremden Eingangsbereichen erkunden. Ich ahnte ja nicht, dass hier, an unserem Urlaubsort, so viel Platz sein würde.

»Freuen wir uns, dass gerade so wenige Touristen hier unterwegs sind!«, tönt meine Frau. »Dass wir diese hübschen Gassen fast für uns haben!« Fast, nicht ganz. Ich höre schon das hydraulische Zischen von fern. Deshalb stehen ja die Mülltonnen draußen.

»Schau mal«, ruft sie, »das ist doch das Stadtwappen!« Sie schaut zu einer uralten Giebelwand empor. »Zwei Raben sind das, oder?« Ja, oder Pfauen oder Pelikane oder Kormorane oder was es so an Geflügel gibt. »Ich mache mal ein Foto davon, mit dem Kirchturm dahinter. Man sieht die Wasserspeier!«

Aber da biegt die eigentliche Sehenswürdigkeit um die Ecke, ein Hecklader, mit geschätzten vierzehn Kubikmetern Fassungsvermögen. Ganz knapp passt er mit seinen Aufbauten an den Erkern vorbei. Geschickt manövriert er durch diese winkligen

Gassen, in deren Pflastersteine geometrische Muster eingelassen sind.

»Das ist ein klassischer Drucklufttonnenkipper«, erkläre ich meiner Frau. »Schon etwas in die Jahre gekommen, aber da passt noch 'ne Menge rein, hydraulische Schüttung und sofortige Verdichtung, das ist das Prinzip.«

»Altstadtbesichtigungen mit dir machen Spaß«, lobt sie. »Sieh mal, hinter dieser Mauer hier sollen die Ruinen des alten Kastells sein.« Sie blättert abwechselnd in ihrem Führer und in ihrem Handy, während das saurierhafte Gefährt vorbeilärmt. »Irgendwo«, meint sie, »müsste eine Tür in der Mauer sein.«

Ich sehe dem Monster nach und winke den beiden Müllwerkern zu. Daumen hoch. Bravouröse Arbeit! Ein Kleinwagen hat sich angeschlossen; er wird Geduld haben müssen. Aber da, wo er gestanden hat, da könnten wir jetzt parken. Sofern wir mit dem Auto gekommen wären. Sind wir ja nicht.

»Da!«, sagt meine Frau. Sie hat den Einlass entdeckt.

Mögen hinter diesen alten Mauern schattige Gärten liegen oder die Reste von Palastresidenzen oder ein Dominikanerkloster mit alten Fresken, ich teile meiner Frau mit, was wirklich wichtig ist: »Die Tonnen in dieser Gasse sind jetzt alle geleert.« Man könnte sie neu befüllen, denke ich, aber das sage ich lieber nicht.

Denn meine Frau sieht mich seltsam an, prüfend, lange, so als müsse sie eine Entscheidung revidieren, die sie vor Jahrzehnten gefällt hat. Mich beschleicht das Gefühl, ich sollte mich rechtfertigen. »Ja«, sage ich achselzuckend und ein wenig patzig. »Die Denkmäler vergangener Epochen haben auch ihren Wert, aber das hier, das ist das wirkliche Leben, jetzt. Das ist aktuell. Entsorgung muss dich doch auch interessieren.«

Sie nickt. »Du ahnst gar nicht, wie sehr.«

Positives Denken unterwegs

Der Begriff Resilienz bezeichnet ursprünglich eine Eigenschaft von Werkstoffen. Und zwar ihre Fähigkeit, auch nach extremer Beanspruchung wieder in den Ursprungszustand zurückzukehren. Seit einiger Zeit wird dieser Begriff auf Menschen übertragen. Auf uns zum Beispiel. Nach jeder Reise kehren wir in den Ursprungszustand zurück. Weil wir so resilient sind. Trotz extremer Beanspruchung auf Hinflug, Rückflug, unterwegs, schöpfen wir wieder Zuversicht.

Zu Hause gelingt das. Aber natürlich üben wir bereits unterwegs. Es geht ja immer was schief, und das meiste trifft anders ein als geplant und erhofft. Jeder Tag auf Reisen bietet Anlass dazu, dass wir uns selbst trösten – und dass wir in jedem Missgeschick das pure Glück entdecken. Reframing nennt man das. Etwas Erlebtes aus neuer Perspektive sehen: aus positiver. Das ist nicht immer einfach. Aber zu Hause erwarten uns schadenfrohe Zuhörer. Die möchten hören, dass das Hotel mies, das Wetter schlecht und das Essen katastrophal war. Das stimmt zwar alles. Nur werden sie es ganz bestimmt nicht von uns hören. Wir waren rundum happy.

Die Kunst des rosigen Verbrämens trainieren wir sofort nach der Ankunft. Der Bus hat uns mit vielen anderen Touristen vom Flughafen abgeholt, nun klappert er die Hotels ab. Bei jedem herrlich gelegenen Prachtbau hoffen wir: Das wird wohl unseres sein. Grüppchenweise steigen erfreute Reisende aus, wir jedoch sind noch nicht dran. Allmählich liegt die Altstadt weit hinter uns, das Meer ist längst nicht mehr zu sehen.

Aha. Hier draußen in der Einsamkeit liegen also immer noch Hotels. »Bewundernswert, dass sie dieses Ödland erschlossen haben!« Die Bauten sind umgeben von alternden Abraumhalden, auf denen Brennnesseln, Knöterich und andere Trümmerpflanzen wuchern. »Großartig, wie viel Kraft die Natur hat.« Wir fühlen uns solidarisch mit ihrer Resilienz. Sie freut sich bestimmt auch über die organischen Abfälle, die wir da entdecken.

Und immerhin, die Hotels in dieser Wüstenei scheinen einigermaßen neu zu sein. So neu sogar, dass sie noch nicht ganz fertig sind. Etwas rinnt an der Fassade herunter. »Wird wohl Quellwasser sein, zur Tränkung der Insekten.« Am allerletzten Haus, der Bus ist schon leer, dürfen wir raus. Zum Glück ist es mittlerweile dunkel geworden, sodass wir das ganze Ausmaß nicht sehen.

»Hier ist es schön ruhig«, sagen wir gefasst. »Und wahrscheinlich kommen nicht so viele Zufallstouristen her.« Nein, ganz bestimmt nicht. Dafür werden wir bei den Rundfahrten die Ersten sein, die im Morgengrauen in den Bus einsteigen müssen, und am Abend die Letzten, die abgesetzt werden. »Aber man kommt ja sonst nicht so viel zum Busfahren.«

So geht positives Denken. Den Geschehnissen eine erfreuliche Bedeutung geben. Aus Niederlagen Kraft schöpfen. Das beherrschen wir. Und wir werden belohnt. Unverhofft lässt sich das Hotel zu einem Gnadenakt herab: Die Rezeption gewährt uns ein Upgrade. Statt unseres gebuchten Zimmers bewohnen wir plötzlich eine Suite. Denn die angemeldeten Gäste sind ausgeblieben. Bitte sehr: Unverbaubarer Blick auf einen fernen hellen Streifen am Horizont. Könnte dort das Meer liegen? Jedenfalls: unendliche Weiten!

Am folgenden Tag treffen die Gäste leider doch ein. Am Empfangstresen teilt man uns lächelnd mit: »Endlich können Sie in Ihr ursprünglich gebuchtes Zimmer umziehen!« Ach so, ja, das ist wirklich begrüßenswert. Dann geht der Blick also aufs Trümmerkraut und auf das angrenzende Gewerbegiet mit seinen faszinierenden Entsorgungsanlagen.

»Der Blick auf die Realität ist mir lieber als die touristische Illusion«, äußere ich wahrheitswidrig. »Und kleine, enge Zimmer sind viel gemütlicher«, findet meine Frau, während sie sich an mir vorbeiquetscht. »Ich finde es gut, dass sie bewusst Zimmer für Schlanke bauen«, trage ich bei. »Das hat erzieherischen Wert.« Und eine fernöstliche Weisheit fällt mir auch noch ein: »Die Suite oben war unter Feng-Shui-Aspekten ganz ungünstig geschnitten. Ich fürchte, dass die Leute sich da überhaupt nicht wohlfühlen werden!« Na, hoffen wir es wenigstens.

Die Hoffnung stirbt auf Reisen gewöhnlich als Erstes. Obwohl wir wissen, dass die Online-Präsentationen nur bei sanftem Morgenlicht aufgenommen wurden, dann noch mal in milder Abenddämmerung, und dass sie anschließend einer gründlichen Bearbeitung unterzogen wurden, tappen wir immer wieder in die Falle.

Vor Ort, sagen wir, am Mont Saint-Michel, erfahren wir dann von Einheimischen, dass der legendäre Sonnenuntergang nur an dreizehn Tagen im Jahr zu sehen ist. Normalerweise ist es dunstig, oder es regnet. »Seien Sie froh, wenn Sie ohne Orkan wieder wegkommen.« Kein Problem. Wir sind immer froh, dank Training.

Bei der sogenannten Großen Donaufahrt in Budapest ebenso wie bei der Großen Moselfahrt in Cochem bequemt sich der Dampfer anderthalb Kilometer flussaufwärts, dann anderthalb Kilometer flussabwärts.

Eigentlich hätten wir gar nicht einzusteigen brauchen. Der Ticketpreis war absurd. »Aber so haben wir jetzt mal den Campingplatz vom Fluss aus gesehen«, streichen wir positiv heraus. Wir sind schon so was von resilient!

Anderswo wandern wir aus einem Städtchen bei glühender Hitze meilenweit hinaus, durch Staubfahnen zum sagenumwobenen Sommerschloss. Dort bedauert ein behelmter Arbeiter, das Schloss sei kurzfristig wegen eines Risses in der Barockdecke geschlossen worden. »Deshalb fährt der Bus auch nicht.« Ach so, deshalb. Zurück fährt er dann vermutlich ebenfalls nicht. »Schön, dass wir mal zum Wandern kommen.«

Anfang Oktober treffen wir in Lillehammer ein, in dem von Gourmets gerühmten Paradies für Hummer und Fischspezialitäten. Leider wurde die Saison in diesem Jahr schon am 30. September beendet. Die Restaurants, bis auf ein paar abgeranzte Imbissbuden, haben geschlossen. Das fröhliche Ferienpersonal ist abgereist, widerwillige Restbestände wollen uns heiße Würstchen andienen. Es gibt auch Lachs, allerdings nur aus Ackerbohnenprotein.

Wir sehen es positiv: »Stell dir nur vor, wie voll es sonst wäre, nicht zum Aushalten! Wir haben es wieder mal perfekt getroffen!« Am nächsten Tag reisen wir dann doch lieber ab. »Kurze, frische Stippvisiten sind ideal.«

In Paris regnet es die ganze Zeit. »Aber es kommt ja sowieso nur auf die Museen an«, versichern wir einander. »Und außerdem finden wir endlich die Muße, neue Regenkleidung zu kaufen!« In Helsinki steigen wir in die Ringstraßenbahn, mit der man zum gewöhnlichen Ticketpreis eine komplette Rundfahrt genießt. An der dritten Station ist gerade ein Volksfest zu Ende gegangen. Betrunkene Massen drängen in den Wagen und grölen uns an. »Es ist immer belebend, ein Land von seiner volkstümlichen Seite kennenzulernen«, sagen wir mit gefrorenem Lächeln.

Unsere Resilienz festigt sich von Reise zu Reise. Bei der Grachtenfahrt sehen wir nicht das winzigste Eckchen der berühmten Häuserzeilen, weil das Boot abgründig tief liegt und die Bäume am Ufer dichtes Laub tragen. Sollen wir ihnen das zum Vorwurf machen? Nein, wir stellen glücklich fest: »Nun, haben wir das wenigstens auch hinter uns.« Denn darauf kommt es schließlich am Ende an. Dass man es hinter sich hat. Oft ist diese Erkenntnis das Beste an einer Reise. Nach Ansicht unserer Tante sogar der Lebensreise.

Daheim, für unsere Freunde, baden wir dann in sonnigen Erinnerungen. »Man soll das Wort Paradies nicht leichtfertig gebrauchen, aber ja, es war das Paradies!« Nachträglich und mit wachsendem Abstand stellt es sich tatsächlich so dar. Wir kehren wieder in unseren zufriedenen Ursprungszustand zurück.

»Aber ihr werdet doch auch mal Pech gehabt haben«, hoffen die Freunde. Sicher, ja. Reichlich sogar. »Das ist eine Frage der Bewertung«, belehren wir sie. »Bei Menschen steckt hinter jeder Schwäche eine Stärke. Und im Urlaub steckt hinter jedem scheinbaren Reinfall eine grandiose Chance. Das ist unsere Erfahrung.« Die Freunde ziehen die Stirn kraus.

»Ja, das Glück kommt zu den Dankbaren«, fügt meine Frau hinzu. Das ist jetzt vielleicht ein bisschen zu viel. Unsere Freunde versuchen, ihr Zähneknirschen zu unterdrücken. Aber wir hören es. Das ist gut für die Kaumuskeln. Und für ihre innere Widerstandsfähigkeit. Ja, sie sind dabei, selbst Resilienz zu entwickeln. Sie brauchten nicht mal dafür zu verreisen.

Sehnsucht nach dem Besenmobil

Alles ist lustig, solange es anderen geschieht. Voll echten Mitgefühls genießen wir zu Hause die Bilder von gestrandeten Reisenden. Von all den Ärmsten, die auf Flughäfen übernachten müssen. Ein Hurrikan verhindert ihren Start oder Weiterflug. Ein fehlerhaftes Update hat die Terminals lahmgelegt. Oder ein Vulkan hat die Reiseflughöhe in eine Staubzone verwandelt.

Die Nachrichten zeigen Schlafsäcke auf kalten Fliesen, Badehandtücher als Bettdecken, abgeknickte Beine über den Lehnen von Schalensitzen, eine Hand sichernd auf dem Gepäck ruhend. Sogar auf stillgelegten Transportbändern wird geschlafen. Tausende, heißt es, stecken fest. Die Bedauernswerten! Wir möchten nicht wissen, wie jetzt die Toiletten aussehen.

Wir werden es erfahren. Denn jeden ereilt es irgendwann. Ausgenommen natürlich jene, die mit Flugangst oder ökologischer Scham gesegnet sind. Dazu gehören wir nicht. Und das haben wir nun davon: Der Anschlussflug ist gestrichen. Das Pilotenteam hat bleihaltigen Fisch verzehrt, sogenannte Wetterkapriolen strahlen bis hierher aus, oder unsere originelle Cousine hat sich mit ihrer Frau auf die Startbahn geklebt, und die Flugsicherung streikt.

Wir befinden uns nicht in Singapur. Das ist schade. Wir werden also nicht in eine komfortable Ruhezone mit Schlafkabinen geleitet, mit Anschluss an ein Spa plus Massage auf Kosten der Fluggesellschaft. Snoozecube, Sleepbox, Napcab – nichts davon. Auf unserem Flughafen gibt es nicht mal Liegen und auch keine Plasmabildschirme mit Endlosstreams von Gärten und Wasserfällen. Wir sehen allenfalls Sicherheitsbeamte, die sich Pässe und Tickets zeigen lassen. Wer beides hat, verfügt über das Recht, auf dem Fußboden zu liegen. Welcher unbeugsame Turnvater hat behauptet, harte Unterlagen seien gesund? Für wen? Für komatöse Eimersäufer?

Das freie Wi-Fi ist überlastet. Die Gebetsräume mit ihren gepolsterten Bänken lehnen die Aufnahme weiterer frommer Beter ab. Die Lounge hat das Fallgitter heruntergelassen. Wir besitzen eh weder einen Priority-Pass noch einen Dragon-Pass, noch könnten wir uns als Loungebuddy oder Mitglied des Diners Club ausweisen. Wir haben nicht mal Ohropax. Nur Kopfhörer mit Noise Cancelling. Und warum canceln die jetzt nichts? Hier wäre eine gesunde Cancel Culture mal angebracht. Doch der Lärm der Tausenden durchdringt mühelos die akustische Dämpfung, vor allem das Quengeln verwöhnter Kinder.

Wir quengeln nach innen. Nach außen geben wir

uns souverän. Wir haben mal gelernt, dass man mit Wartesituationen kreativ umgehen soll. Der Blick aufs Smartphone gilt nicht als kreativ. Meditieren schon eher. Genehmigt ist wohl auch, dass wir uns dezent rekeln und ein paar Nackenübungen machen. Am Durchgang zum Terminal C hat sich spontan eine Yogagruppe gegründet. Doch was die da turnen, sieht zu anspruchsvoll aus. Können wir nicht, wie Gesundheitsmagazine es vorschlagen, ganz entspannt im Hier und Jetzt sein?

Nicht so richtig. Wir schaffen es nicht, diese dezibelstarken Wartehallen zum Freiraum umzuwidmen. Oder gar zur Oase der Muße. Zu einem Ort, der, nach dem Jargon der Reiseführer, zum Verweilen einlädt. Das tut er nicht. Eben weil wir ungeduldig warten. Das ist kein seelischer Makel. Bereits kleine Kinder wollen nicht warten. Auf dem Reiseweg fragen sie von der ersten Minute an: Wann sind wir da? Und alte Tibeter fürchten nichts mehr als den sogenannten Bardo – den ungewissen Zwischenzustand nach dem Tod und vor der nächsten Wiedergeburt. Denn der besteht aus nichts anderem als aus Warten.

Also bitte. Was unschuldige Kinder nicht raffen und was weise Gurus fürchten, das müssen wir auch nicht beherrschen, geschweige denn mögen. Wir dürfen genervt sein. Und wenn wir vom Glück verwöhnt sind, dauert der Zwischenstopp ja nur ein paar Stunden. Dürfen wir uns in der Zwischenzeit vom Gate entfernen? Wie weit? Gibt es einen empfohlenen Radius? Wir wissen lediglich, dass wir nicht raus dürfen. In diesem begnadeten Land müssten wir erst ein Visum beantragen. Bearbeitungsdauer vierzehn Tage.

Gerade Länder, in die wir auf keinen Fall einwandern würden, haben schreckliche Angst, dass wir uns bei ihnen ansiedeln. Sie gewähren uns keinen Freigang. Nach ihrem Konzept sollen wir, egal wie lange wir ausharren müssen, in den gläsernen Hallen von einem Ende zum anderen wandeln, den Ansagen lauschen und die Boutiquen mit Krawatten, Taschen und Goldschmuck bestaunen. Hinter den Tresen kauen die Verkäuferinnen achtsam an ihren Nägeln. Lediglich die Parfümerien sind gut besucht, weil man sich an den Testflaschen kostenlos auffrischen kann.

Also umhergehen. Wie auf dem Gefängnishof. Nur sind Strafgefangene nicht mit Handgepäck belastet. Unseres ist mal wieder schwerer geworden als geplant. Mit einer Hand ist es kaum zu bewältigen. Als die Kinder noch klein waren, konnte ich meiner Frau sagen: Bleib du hier beim Gepäck und den Kindern, ich sehe mich mal ein bisschen um. Und flugs war ich weg und aufgebrochen zu abenteuerlichen Erkundungsgängen, frei und verwegen wie die Forscher und Entdecker früherer Jahrhunderte. Jetzt, da wir zu zweit reisen, ist mir eine unbequeme Solidarität aufgenötigt.

Neidvoll sehen wir den Elektrokarren nach, auf denen Leute transportiert werden, die sich durch irgendetwas auszeichnen. Durch was eigentlich? Durch Alter, Gebrechlichkeit, Geld? Können wir eines davon vortäuschen? Gebrechlichkeit wäre am einfachsten. Oder würden die Überwachungskameras unseren mimischen Bluff mitbekommen? Auf Flughäfen werden wir ja ständig beobachtet oder fühlen uns jedenfalls so, nicht zuletzt wegen des vielen Glases und weil den Leuten, die sackig in ihren Sesseln hängen, nichts Besseres einfällt, als ausgerechnet uns nachzusehen.

Womöglich können wir einen dieser Putzmenschen bestechen, dass er uns auf seinem Besenmobil mitnimmt zu einem ruhigen Plätzchen? Sicher kennt er die versteckten Idyllen. Hier liegen auf jeder Bankreihe ausgestreckt Leute und täuschen Tiefschlaf vor. Draußen, jenseits dieses Käfigs, liegt in unwirklich klaren Konturen das Land, das uns nicht richtig mag, weil wir nur durchreisen. Seinen Einwohnern gönnt es Himmel, Wolken, Sonne, Luft. Wir haben die Klimaanlage und die Ansagen sowie Kübelpalmen und einen kleinen künstlichen Wasserfall, der aber zum Schutz des Planeten trockengelegt wurde. Da draußen vergeht die Zeit. Hier sind die Uhren stehen geblieben. Wie lange dauert es noch bis zu unserer Wiedergeburt?

Man wird sich an uns erinnern

Was wird bleiben von uns? Mit den Jahren fragt man sich das. Nicht Sie und ich, wir fragen uns das nicht, wir sind zu jung dafür. Aber ältere Menschen beginnen, sich mit dem Thema zu beschäftigen. Werden wir Spuren in der Geschichte hinterlassen?, fragen sie sich. Oder zumindest Spuren, die in ferner Zukunft noch sichtbar sind und andere inspirieren?

Die Antwort ist: Ja! Ja, wir hinterlassen Spuren. Und wir können gar nicht früh genug damit anfangen. Kleiner Tipp: Auf Reisen fällt es am leichtesten. Da geschieht es oft ganz von selbst. Ich denke zum Beispiel an den Rotweinfleck. An diesen Fleck, den Sie unter Ihrem Tisch im Hotelzimmer entdecken durften. Sie haben ihn erst bemerkt, als Sie den Sessel beiseitegeschoben haben. Ja, solche Spuren möchte ich nicht für jeden offensichtlich machen! Deshalb habe ich die Möbel geschickt verrückt. Um diese Überraschung ganz besonderen Menschen vorzubehalten. Menschen wie Ihnen.

Unter uns: In einem Anflug von schlechtem Gewissen bin ich damals, als das Glas umgekippt war, in den Frühstücksraum geeilt, um kleine Päckchen

Salz zu holen und die Stelle flächendeckend zu bestreuen. Das hat nicht geholfen. Vielmehr musste ich am folgenden Morgen obendrein das Salz beiseitebürsten, mit dem Hotelprospekt als provisorischer Kehrichtschaufel. Und jetzt hat die Hotelleitung ausgerechnet Sie für den Verursacher gehalten? Ganz falsch! Sie sorgen für Ihre eigenen Spuren!

Im Rheingau, in dem sogenannten Boutiquehotel, ist Ihnen das pittoreske kleine Loch in der Wand aufgefallen. Die Dame vom Service hat skeptisch die Brauen gehoben, als Sie Ihre Unschuld beteuerten? Ich kann Sie entlasten! Das Loch stammt von meinem Nordic-Walking-Stock. Zur Freude meiner Familie habe ich einen asiatischen Schwertkampf vorgeführt, authentisch wie in *Tiger and Dragon*. Der entscheidende Stoß – der Stoß, der den Gegner außer Gefecht gesetzt hätte – traf die Wand. Peinlich für das Hotel, finde ich, dass sie aus Rigips war. Martial Arts hinterlassen nun mal Spuren. Spuren mythischen Heldentums. Genau deshalb bewahrt man dieses Loch. Mit etwas Glück wird eine Gedenktafel folgen.

Und es freut mich, dass Sie – trotz Ihrer offensichtlichen Jugendlichkeit, aber man weiß ja nie, wann man abberufen wird –, dass auch Sie längst angefangen haben, Spuren zu hinterlassen. Richtig sehenswert fand ich Ihre künstlerische Bearbeitung der Duscharmatur in dem altersschwachen Hotel, in dem Sie vor mir nächtigten. Der Duschkopf ist Ihnen bei einer akrobatischen oder sogar erotischen Aktion zerbrochen. Und dann haben Sie ihn so originell mit Klebeband geflickt, dass das Wasser seither in alle Richtungen sprüht. Rainforest Shower nennt man das in der Fachsprache. Respekt für die Designidee!

Einen hübschen Nebeneffekt hat überdies Ihre Eigenart, nüchterne Hotelzimmer mittels Kerzen gemütlich zu machen. Im Wandschrank fand ich einen Tischläufer, den Sie dort versteckt hatten, besprenkelt mit roten Wachsflecken. Dieses anarchische Muster ist beim Auspusten entstanden? Ja, und warum verstecken Sie das Resultat, wenn Ihnen ein so überzeugendes Werk des Action Painting gelungen ist? Das sind exakt die sublimen Spuren, von denen wir hier reden! Ich habe nicht gewagt, den Läufer an mich zu nehmen. Wenn nicht Sie, dann möchte bestimmt die Hotelleitung ihn bei der nächsten Auktion zum Thema abstrakter Expressionismus versteigern.

Danke auch für Ihre wegweisende Aktion, ein Symbol von Gefangenschaft und Unterdrückung in ein Symbol der Freiheit zu verwandeln! Ich rede von dem Türschloss. Ja, von dem Türschloss jenes südlichen Strandbungalows – nun, Sie wissen, welchen ich meine. Sie haben Ihre Kronkorken beharrlich an diesem Schloss geöffnet. Als nächster Mieter habe ich es kaum mehr aufbekommen, geschweige denn zuverlässig schließen können. Sie hatten keinen gewöhnlichen Flaschenöffner dabei? Sie hätten leicht einen beschaffen können. Aber Sie wollten ein Zeichen setzen: Schluss mit der Sicherheitsverwahrung! Türschloss, ade! Danke im Namen aller freiheitsliebenden Menschen. Dergleichen bewirkt so viel mehr als eine Spende an Amnesty.

Ja, ich bewundere Ihre engagierte Art, Spuren zu hinterlassen. Da wir beide hier als Experten unter uns sind – darf ich fragen, was Sie in dem Topf zubereiten wollten, den Sie völlig verkohlt in dem Nordsee-Apartment zurückgelassen haben? Das rußige Aroma Ihrer Kochkunst haftet immer noch in der Tapete. So wie ich Sie einschätze, wollten Sie damit ein Mahnmal für den Regenwald schaffen: Beendet die Brandrodung! Denn danach roch es und riecht es noch immer. Gut gemacht. Signiert haben Sie nicht zufällig irgendwo?

Unsere kreative Art zu reisen bringt es mit sich: Wir sorgen für Spuren, und zwar für möglichst nachhaltige. Manchmal reicht ein einziger Abend, und das Räucherstäbchen, mit dem wir den schalen Geruch des Zimmers übertönen wollen, brennt sich für immer in die Tischplatte. Die Heizschlange des Wasserkochers überlebt nicht unsere Idee, sie mit kaltem Wasser abzuschrecken. Gut so, ein schlimmer Stromfresser weniger! Der kleine Fleck in der Auslegeware vergrößert sich magisch unter unseren Reinigungsversuchen. Beim Trockenrubbeln geht die Ersatzrolle Klopapier drauf und verwandelt sich in viele Fusseln. Das sieht fantastisch aus. Wir posten das Bild auf Instagram: So sah Schnee aus, vor den Zeiten des Klimawandels. Erinnert euch! Hoffentlich wird dieses Kunstwerk nicht von einer gleichgültigen Servicekraft weggesaugt. Auch Kunstwerke von Joseph Beuys und Martin Kippenberger sind schon von uneingeweihtem Personal entsorgt worden.

Geben wir uns Mühe! Am komplizierten Faltrollo vor dem Dachfenster reißt dank unseres künstlerischen Temperaments der entscheidende Faden. Wir ersetzen ihn mit Kurzwaren aus dem ausliegenden Sewing Kit. Das sieht täuschend echt aus. Doch wer als Nächstes daran zieht, wird eine echte Überraschung erleben. Werden Sie es sein? Glückwunsch! Gerade das Unvorhergesehene macht einen Urlaub so abwechslungsreich und trainiert das Improvisationstalent. In diesem Sinne freuen Sie sich auch auf das Doppelbett, dessen Mitteltraverse brach, obwohl meine Frau und ich nichts getan haben, was wir nicht auch zu Hause getan hätten. Wir haben dann das Teil geschickt wieder zusammengeschoben und sind stillschweigend weitergereist. Wenn es bald nachts unter Ihnen kracht, nehmen Sie es als lieben Gruß. Als Spur, die wir im Universum hinterlassen haben.

Zum Dank werde ich an Sie denken, wenn ich im Frühjahr die Brandspuren Ihrer Wunderkerzen entdecke in dem alpinen Ferienhaus, in dem Sie Silvester gefeiert haben. Die eingebrannten Muster erinnern an antike Keilschrift, ja, sogar an die frühesten Höhlenmalereien, die unsere naturnahen Vorfahren mit Asche ausführten. Was Sie da geschaffen haben, gehört zum immateriellen Weltkulturerbe.

Und auch persönlich fühle ich mich gesegnet. Mir ist nämlich die Schiebetür auf die Füße gefallen, die Sie bei Ihrem leidenschaftlichen Öffnungsversuch ausgehebelt und dann nicht ganz fachmännisch wieder eingehängt haben. Rumms. Aua. Aber wozu brauche ich denn alle zehn Zehen? Viele Tiere haben nur vier Zehen an jeder Pfote und vermögen trotzdem, akrobatisch zu klettern! Das kann ich jetzt auch mal versuchen! Ich danke Ihnen für diese Ermutigung zum Einklang mit der Natur!

So grüßen wir einander. Und so grüßen wir andere Reisende. Auf diese Weise sorgen wir für unsere Nachkommen. Durch die Spuren, die wir hinterlassen. Nachhaltig, naturnah, zum Nachdenken anregend. Man wird sich an uns erinnern.

Zweiunddreißigmal kauen

In ihren mittleren Jahren hatten meine Eltern die Nase voll von illustrierten Diätvorschlägen. Von Begriffen wie Blutzuckerspiegel, Ballaststoffe, versteckte Fette. Und vom Kalorienzählen. Sie brachten ihre Waage zum Sperrmüll. Ich fand das bedenklich. Sie hielten es für einen Befreiungsschlag. Heute kommt es mir vor, als seien sie Protagonisten der Bodypositivity gewesen.

Mittlerweile neigen meine Frau und ich selbst zu dieser Art positivem Denken. Unsere Bereitschaft schwindet, hageren Ernährungs-Docs zu gehorchen und die besten Leckerbissen zugunsten von Gemüse und Hülsenfrüchten zu streichen. Nun haben auch wir unsere Waage entsorgt. Der Spiegel hängt allerdings immer noch neben der Dusche. Solange er beschlagen ist, können wir gut damit leben. Sobald er die Sicht freigibt, dämmert uns, dass es nur ein kleiner Schritt ist von der Bodypositivity zum Bodyshaming.

So haben wir zähneknirschend eine Fastenreise gebucht. Eine vieltägige Entschlackungs-, Entgiftungs- und ganzheitliche Reinigungskur. Gleichgültig, ob Hufeland, Schnitzer, Buchinger oder Mayr

Pate stehen, ob Natronlösung oder fermentierter Basenbrei verabreicht werden oder chinesische Abkochungen dran sind, ein Vergnügen wird es auf keinen Fall.

Gefasst und tapfer betreten wir das Fastenhotel. Das Personal lächelt schief. Es hält uns für falsch ernährt. Helles Holz und handgewebte Naturstoffe sollen uns aufheitern. Doch an den schwermütig herumschlurfenden Gästen und ihren Wärmflaschen erkennen wir: Es wird ernst.

Tatsächlich bekommen wir ein niederschmetterndes Programm überreicht. Worte wie »Zivilisationskrankheiten«, »Leberwickel« und »Reisschleim« verheißen nichts Gutes. Schweigen wir vom »Irrigator«, der an der Rezeption auch als Reiseset erhältlich ist.

Wir treten auf den Balkon und sehen in neblige Wipfel. Ein Eichhörnchen schaut aus der Freiheit herüber. Schlankes, unbeschwertes Geschöpf! Du sammelst pro Woche genügend Nüsse für anderthalb Gläser Nutella! Das müssen wir jetzt vergessen.

Wir schauen uns im Haus um. Sind die Leute, denen wir hier begegnen, eigentlich alle älter als wir? Oder sehen sie nur so aus, weil sie schon ein paar Tage länger entschlacken? Während im sogenannten Speisesaal das Küchenteam hochnäsig Gemüsebrühe ausschenkt, kreist das Gespräch um Verdünnungen, Pulsdiagnosen und den vorbildlichen Lebensweg des Fastenarztes.

Abends hält er Vorträge über Säurebildner und

Prävention. Wir sollen dreidimensional fasten und schrittweise unseren inneren Arzt aktivieren. Der zellulären soll auch eine geistige Regeneration folgen. Haben wir das nötig? Leptinspiegel, Autophagie, oxidativer Stress – müssen wir uns das alles merken? Wir messen im Chor den Ruhepuls. Und falls wir Ayurveda gebucht haben, finden wir glucksend heraus, ob wir Vata, Kapha oder Pitta sind. Die indische Bevölkerung schwört seit Jahrtausenden auf Panchakarma-Kuren. Komisch, dass diese Bevölkerung eine derartig niedrige Lebenserwartung hat.

Oder ist das gerade erstrebenswert? Werden hier insgeheim zur Entlastung des Rentensystems unsere Jahre vermindert? Wir lernen bald, herkömmliche Vorurteile zu revidieren. Die enervierende Schlaflosigkeit ist ein Beleg unserer erwachenden Energiereserven! Beidseitiges Ohrensausen, Schwindelanfälle, Magenkrämpfe, pochende Kopfschmerzen sind ermutigende Indizien!

Nur für den entschleunigten Kreislauf sollen wir etwas tun. Sonst ist es kein Erlebnisfasten. Bei Regen kommen wir mit einem schlampig ausgeführten Sonnengruß davon und mit ein paar angedeuteten Qi-Gong-Drehungen. Bei Trockenheit sollen wir walken, sicherheitshalber mit Sticks. Also raus auf die Kieswege und zu den ahnungslos bimmelnden Kühen, hinaus auf die stolperfreundlichen Waldpfade. Zunächst tun wir das in kleinen Leidensgemeinschaften. Vom dritten Tag an in yogischer Einsamkeit, denn es riecht seltsam; entweder aus unseren oder aus den anderen Poren.

Beliebte Ziele sind das Brunnenhäuschen, die Jahrhunderteiche und das denkmalgeschützte oberschlächtige Wasserrad. Unserer schwindenden Hirnsubstanz reicht das als Anregung.

Im Übrigen merken wir, dass es keinen Sinn hat, Tabus aufrechtzuerhalten. Gewöhnlich verschwiegene körperliche Vorgänge sind vom vierten Tag an bevorzugtes Tischgespräch. Jeder weiß jetzt, wie dünnflüssig der andere inzwischen ist.

Man spricht sich Mut zu, hat bereits den Abbau überalterter Zellen bemerkt und wartet nun auf die berühmte Fasteneuphorie. Irgendwann soll der Körper, im Glauben, es gehe zu Ende, aufmunternde Halluzinogene ausschütten. Bei unserem greisenhaften Nachbarn ist es schon so weit; nachts hören wir ihn durch die dünne Zimmerwand ächzen.

Wir telefonieren nach Hause und empfehlen den feige Daheimgebliebenen, morgens nach uraltem Rezept mit Sonnenblumenöl zu gurgeln. Dazu haben sie keine Lust. Sie bewundern uns lieber mit durchschaubarer Heuchelei.

Wir ziehen uns zurück in den Raum der Stille und zweifeln kontemplativ am Sinn des Lebens. Eigentlich hat alles keinen Zweck. Wozu sind wir geboren? Zur Ernährungsumstellung? Aber irgendwann schließt sich der Zyklus der abendlichen Vorträge wieder bei »Harmonie für Körper, Geist und Seele«. Und das bedeutet: Es ist Zeit abzufasten.

Wir bekommen einen Zettel überreicht mit dem goldenen Leitwort »Jeder Dumme kann fasten, aber nur ein Weiser kann das Fasten richtig brechen«.

Und grüßen den erhaben auf dem Frühstücksteller ruhenden Apfel.

Während wir jeden mürben Bissen zweiunddreißigmal kauen, rechnen wir durch, was wir hier pro Tag bezahlen mussten und was wir eigentlich dafür bekommen haben. Und wir können nicht mal heimlich was mitgehen lassen, nur das glutenfreie Knäckebrot.

So kaufen wir den Reise-Irrigator inklusive Vorratspackung Glaubersalz als Weihnachtsgeschenk und versprechen dem Fastenarzt, unsere Ernährung fortan nach seinen Richtlinien umzustellen.

Als bemitleidete Helden kehren wir heim. Der Doktor hat behauptet, wir seien jetzt zehn Jahre jünger. Niemand bemerkt es. »Regeneriert euch erst mal«, hören wir stattdessen. Trotzig und um unsere gewandelte Einstellung öffentlich zu bekennen, kaufen wir Misosuppenpulver, Sprossensamen und Aloe-vera-Gel.

Hoffentlich ist das alles lange haltbar. Denn eigentlich sind wir inzwischen genug gestraft. Haben wir nicht sogar im Voraus gebüßt? Aber ja! Nach dieser Reise dürfen wir, müssen wir sündigen! Enthusiastisch rufen wir unser Lieblingsrestaurant an. Düstere Stille. Es hat Pleite gemacht.

Das Weltwissen der Reisenden

Podcasts und Newsletters haben unser Denken geschärft. Seit wir in den sozialen Netzwerken unterwegs sind, hat sich unser Bewusstsein spürbar erweitert. Wir haben einen klaren Blick auf die Welt entwickelt. Wir durchschauen die offiziellen Verlautbarungen. Mit messerscharfem Verstand vermögen wir, die Nachrichten zu korrigieren. Wir wissen, was wirklich los ist.

Allerdings nur, bis wir das Haus verlassen. Es ist unbegreiflich. Sobald wir uns mit Rollkoffer und Ticketcode auf die Reise begeben, sinkt der Intelligenzquotient. Oder war er gar nicht so hoch? Bereits auf dem Bahnhof erscheint die Welt nicht mal mehr halb so durchschaubar wie in unserer Telegram-Gruppe. Niemand bestätigt uns. Kein Daumen, kein Smiley, kein Herz. Wie geht das jetzt? Am Flughafen kribbelt die Kopfhaut vom Schrumpfen der Gehirnmasse.

Man hat uns eingetrichtert, wir müssten unser Leben in die Hand nehmen. Haben wir versucht. Jetzt entgleitet es. Andere übernehmen. Bei den Einreiseformalitäten verflüchtigen sich die letzten Englischkenntnisse. Arrival Card, okay. Customs Declaration, aha – gehören wir zur ominösen X category? Eigentlich sind wir ja harmlos. Aber »false declaration will result in tax penalties or up to five years in prison«. Kann der Flieger noch wenden? Wie in Schulzeiten schreiben wir alles kleinlaut beim Nachbarn ab und unterzeichnen: »I certify that I have read and understood all questions.«

Im Land selbst, in mysteriöser Sprache und womöglich kryptischer Schrift, erweisen sich selbst schlichteste Denkaufgaben als unlösbar. Heißt dieses Wort auf der Schwingtür jetzt »Herren« und das andere »Damen«? Oder ist das in diesem Land gleichgültig? Wenn wir mit unserem kleinen Regenbogenwimpel wedeln, wie eine verflossene Innenministerin, dürfen wir dann reingehen, wo wir wollen? Theoretisch gibt es einen Ausweg: Handykamera draufhalten und übersetzen lassen. Praktisch heißt es: Zuerst nach rechts wischen, dann auf Aufnahme drücken. Klappt nicht. Umgekehrt? Aber hier gibt es eh kein Netz, jedenfalls jetzt nicht, nicht für uns.

»Geh ihm doch einfach nach!«, rät meine Frau und weist verstohlen auf einen eiligen Gentleman. Gute Idee. »Ich schließe mich Ihnen an«, murmele ich. Und, aha, das ist also das Wort für Männer hierzulande. Das wäre geklärt. In der Kabine wartet ein neues Rätsel. Gibt es hier tatsächlich nur ein Loch im Boden? Ich will mich gar nicht hinsetzen. Aber es interessiert mich. Wie geht das jetzt, was sonst so einfach schien? Und wieder draußen – wie gelangt man durch diese Drehkreuze ins Freie? Mit Münze, Karte, Chip, Fingerprint, Gesichtserkennung?

Der Intuition folgen und einfach drübersteigen. Ja, schau nur, liebes Publikum, das nennt man Improvisationsfähigkeit! Kinder zeigen auf uns und äußern etwas, das alle zum Lachen bringt. Wir nicken gütig, um völkerverbindenden Humor zu beweisen. Und es ist ja wirklich bewundernswert. Selbst kleine Kinder beherrschen diese bizarre Sprache fließend. Wenn wir hier aufgewachsen wären, würde uns das nur mit Mühe gelingen.

Mit etwas Glück erlangen wir im Hotel für einen Augenblick unsere Weltklugheit zurück. Hotels sind international genormte Inseln. Das Personal hält Vokabeln aus mehreren Sprachen parat. Und die Zimmer gleichen einander so, dass wir uns schon beim Eintreten auskennen. Und falls irgendwo mal *caldo* auf dem Wasserhahn steht, fallen wir auch nicht mehr darauf rein. Selbstwertgefühl für einen Augenblick wiederhergestellt.

Aber dann: Wie schaltet man den Ventilator ab, der mit dem Lichtschalter anspringt, aber mit dem Lichtschalter nicht wieder ausgeht? Zum Sicherungskasten müssten wir uns wie ein Dieb über den Flur schleichen. Denn da ist noch was: Wie lässt sich der Sturmwind der Klimaanlage stoppen, wenn sie bei Off einfach weitermacht? Und, jetzt wird es völlig undurchschaubar, wie kommen wir in dieses Bettzeug rein?

Der Absturz unseres Intelligenzquotienten ist schmerzlich fühlbar. Zum Glück nur für uns. Andere halten uns noch knapp für zurechnungsfähig. Bedenklich war allerdings diese abendliche Szene im

Restaurant, als wir unsere Finger asiatisch reinlich in der Fingerschale badeten, während wir auf die Suppe warteten – bis der Ober uns informierte: Die haben Sie schon!

Ein kleiner Schritt auf unseren Apartmentbalkon zum Durchatmen und um den Mond anzustaunen, da fällt krachend die Tür zu. Von außen ist sie nicht mehr zu öffnen. Auch nicht mit abgebrochenen Fingernägeln. Wir müssen uns wohl um die Trennwand beugen, zum Nachbarn, und winkend auf uns aufmerksam machen: »Hello, Mr Neighbour? Hello, yes, you there, can you help us?« Er starrt uns an. Offenbar nicht. Er zieht den Vorhang zu. Würden wir vielleicht auch tun, wenn derartig Verwirrte uns belästigen.

In Sydney habe ich mal, weil der Fahrstuhl nicht kam, das Treppenhaus gewählt. Es war als Fluchtweg ausgeschildert. Aber dann konnte ich in keinem Stockwerk zurück auf den Hauptflur. Durch Hochsicherheitstüren aus Panzerglas sah ich glückliche Gäste bequem durch Teppichflure wandeln und musste immer weiter hinunter, bis zu den Müllcontainern. Versklavte Unberührbare starrten mich an. Durch Dämpfe und Fettschwaden taumelte ich in die Küche und – machen Sie bitte weiter, keine Kontrolle, ich bin nur Tourist! – floh durch den Frühstücksraum nach draußen. Wie ein Brötchenkorb oder eine Kaffeemaschine funktioniert, hätte ich zu diesem Zeitpunkt nicht mehr durchschaut.

Jetzt aber Rückgewinnung der Souveränität: ein Blick hinauf zur Sonne. Erleichterung. Na bitte. Ja, sie ist dieselbe! Aber, Moment. Wandert die hier etwa von rechts nach links? Stehen wir verkehrt herum? Geht sie auf der Südhalbkugel im Westen auf und im Osten unter? Von Uhrzeigersinn kann jedenfalls nicht die Rede sein. Oder ist das nun doch schon der Polsprung? Ach, übrigens Uhr: Wenn wir, um diese Frage zu klären, zu Hause anrufen wollen, ist es da jetzt früher oder später? Oder ist es genau dieselbe Uhrzeit, bloß an einem anderen Tag, zum Beispiel gestern?

Ein Leben des strebenden Bemühens – vergebens. Im Urlaub kommt das letzte sicher geglaubte Wissen abhanden. Bis zum Reiseantritt kannten wir noch den Unterschied zwischen Längengrad und Breitengrad. Er war so ähnlich wie der zwischen Backbord und Steuerbord. Oder zwischen konvex und konkav. Oder zwischen innerer und äußerer Mongolei. All das verwirrt sich jetzt zu einem Knäuel düsterer Begriffsstutzigkeit.

Aber, mal ganz unter uns. Inkas, Mayas und Azteken, was sollen denn solche Unterschiede? Guyana oder Guinea, Haiti oder Tahiti, Elefanten mit breiten oder kurzen Ohren, Karl der Vierte, Fünfte, Sechste, Philipp der Gute oder Schöne, ohne Land oder ohne Furcht, Johanna die Wahnsinnige und die von New Orleans, Flamenco oder Flamingo – ist das nicht im Grunde alles ein und dasselbe? Zumindest im höheren Sinne?

Wir könnten das alles auf Wikipedia nachschlagen. Aber ungern im Urlaub. Da wollen wir uns jetzt einfach mal im Nichtwissen entspannen. Zu

Hause festigt sich unsere Weltkundigkeit dann wieder ganz von allein. Wir haben unsere Abos, unsere Pushnachrichten. Und wir haben durch unsere Reiseeindrücke enorm dazugewonnen. Wir wissen jetzt noch besser Bescheid als vorher. Ja, wir sind befugt und berechtigt, den Daheimgebliebenen zu erklären, wie die Welt funktioniert.

Einfach nur dasitzen

Macht der da so was wie du?«, staunt meine Frau. Sie deutet auf einen bewegungslosen Reisenden. Er sitzt eine Reihe vor uns auf der anderen Gangseite. Seit zwanzig Minuten sind wir in der Luft, vier Stunden folgen noch bis nach Madeira.

»Du, ich glaube wirklich!«, sagt sie. Aber ich falle nicht herein auf ihre Geste. Ich blinzele höchstens. Der Mann sitzt zurückgelehnt und blickt regungslos vor sich hin. Er trinkt nicht, er liest nicht. Er tippt auf keinem Gadget herum. Das Kästchen »Ich bin kein Roboter« würde er in diesem Zustand nicht anklicken können. Man würde es ihm auch nicht glauben.

»Mal ganz ehrlich, findest du nicht, dass das irgendwie autistisch aussieht?«, forscht meine Frau. Darauf gehe ich ebenfalls nicht ein. Sie will es auch gar nicht wissen. Sie will mich nur provozieren. Sie will testen, ob ich rauszulocken bin aus der Versenkung. Denn wie der Mann da drüben folge ich einem Trend, dem ehrgeizige Start-upper schon seit einer Weile verfallen sind: dem Trend, während eines Fluges überhaupt nichts zu tun.

Nichts zu sagen. Nichts zu hören. Nichts in den

Fokus zu nehmen. Stattdessen einfach nur dazusitzen, den Blick nach innen gekehrt oder auf gar nichts gerichtet, allenfalls auf die Wand gegenüber, wie es die Teilnehmer eines Zen-Sesshins tun. In diesem Fall – und mit etwas Disziplin bis zum Funchal Airport – blicke ich also auf die Rückseite eines Sitzes. Auf graues Leder mit anthrazitfarbenen Akzenten und auf einen ausklappbaren Tisch.

Doch die Ausstattung zu benennen, heißt bereits den seligen Frieden verlassen. Sie weiß das. Vor dem allerersten Flug mit dieser Praxis, die Raw Dogging genannt wird, habe ich meine Frau eingeweiht. Damals ging es nur um eine Stunde von Hamburg nach Frankfurt. Dass ich blicklos vor mich hin sehen würde, habe ich angekündigt, mit Hinweis auf Buddha. »Der war aber nicht in ein Flugzeug gezwängt«, hat sie mich wissen lassen. »Der saß unter einem Baum, in freier Natur.« Ja, gewiss, so wird es erzählt. »Und das ist gerade die Herausforderung!«, habe ich geantwortet. »Still zu sein in der Enge, inmitten des Lärms und der Geschäftigkeit. Das ist die Challenge!«

Ihr Kommentar kam nicht unerwartet: »Für Männer muss alles eine Challenge sein!«

Nein. Alles nicht. Füße hochlegen, Bierflasche öffnen, Fernbedienung ausrichten – das ist keine Challenge. Noch nicht. In der Seniorenresidenz mag das anders werden. Wahr ist jedoch, dass Männer eher zum Wettbewerb neigen. Die Herausgeber des Guinnessbuches strengen sich seit Jahren an, mehr Frauen zu Rekorden anzuspornen. Das Echo ist gering.

Mittlerweile habe ich viele Männer im Flugzeug die Rückenlehnen anstarren sehen – und nur einmal zwei Frauen. Die saßen nebeneinander. Nach einiger Zeit gaben sie prustend auf und amüsierten sich für den Rest des Fluges lautstark über den dämlichen Trend. Ich behielt gelassen den ausklappbaren Tisch vor mir im Auge.

Raw Dogging: Das heißt, etwas ohne Ablenkung tun. Nur das zu tun, was gerade dran ist. Ohne Zerstreuung. Ohne Nebenbeschäftigung. Ursprünglich bezog sich der Begriff auf ungeschützten Geschlechtsverkehr. Nun, das Ungeschützte trifft zu, im übertragenen Sinn: Im Flugzeug zu lesen, zu essen, zu spielen, Filme zu sehen – das alles schützt. Es bildet einen mentalen und emotionalen Kokon. Der schützt vor der Fremdheit der Umgebung. Vor den anderen. Vor dem Gefühl, ausgeliefert zu sein. Sogar vor den eigenen Gedanken.

Wer Raw Dogging probiert, setzt sich den eigenen Gedanken und der eigenen Leere ungeschützt aus. So wie sich Leute in Sankt Gallen jährlich zur Fastenzeit in eine Zelle schließen lassen. Wie andere sich in die Dunkeltherapie begeben. Und wie wieder andere sich von der Krankenkasse ein Achtsamkeitstraining finanzieren lassen. Vorher haben sie Eckart Tolles Bestseller *Jetzt – die Kraft der Gegenwart* gelesen. Die Kraft kommt aus dem Bewusstsein, vollkommen im Moment zu sein. Die Entschleunigungsoase ist hier. Der »Raum der Stille« auf dem Airport ist dankenswert. Aber es gibt diesen Raum der Stille auch hier, im Sitz. Die Schweigekultur, deren Verlust Michel Foucault beklagte, bitte sehr, sie ist gegenwärtig in der unverbaubaren Aussicht auf einen Klapptisch.

Die Ansagen rauschen durch. Da befindet sich also angeblich eine Karte mit Sicherheitshinweisen in der Sitztasche und eine Schwimmweste unterm Sitz und eine Sauerstoffmaske, die im Falle eines Druckverlustes automatisch aus der Kabinendecke fällt. Spielt keine Rolle. Es erklingt die Mitteilung, die Reisehöhe sei erreicht und der Kapitän habe soeben die Anschnallzeichen ausgeschaltet. Geschenkt. Cabin Crew prepare for dies und das. Und Bordservice. Meine Frau blickt mich erwartungsvoll an. Ich habe nichts vernommen oder tue wenigstens so. Ich ruhe selig in der Verbindung zum eigenen Inneren. Da ist zwar nichts, im eigenen Inneren. Aber gerade das ist das Erholsame. In die Welt des Geplappers werde ich erst zurückkehren, wenn mir zu Ohren kommt: Bitte vergessen Sie keine Gepäckstücke in den Ablagen über Ihnen.

Vom Philosophen Blaise Pascal wird ein einziger Satz noch heute zitiert: »Alles Unglück des Menschen kommt daher, dass er nicht ruhig in einem Zimmer bleiben kann.« Und mehr ist nicht zu sagen. Ruhig mit sich selbst zu bleiben, ist die Herausforderung, ist der Weg. Freimaurer legen sich in einen Sarg. Sufi-Meister empfehlen: Stirb, bevor du stirbst. Doch, zugegeben, diese solistischen Meister und Freimaurer, all die Pascals, Foucaults, Tolles, die Trappistenmönche und Zen-Schweiger waren oder sind Männer, toxische womöglich, so toxisch wie

Loriots gezeichneter Ehemann, der einfach nur dasitzen will, während seine Frau hin und her rennend Freizeitvorschläge macht.

Oh! Ist das jetzt Gedankenübertragung? »Sag mal«, fällt meiner Frau auf halbem Weg ein, »du machst das aber bitte nicht, um ein Gespräch mit mir zu vermeiden?«

Jetzt muss ich doch antworten, gepresst kommt es zwischen den Zähnen hindurch: »Natürlich nicht!«

So ganz überzeugt wirkt sie nicht. Wir werden ja nach der Landung sprechen. Und ich weiß, wenn wir demnächst nach Neuseeland fliegen, schaffe ich maximal die vier Stunden bis zum Zwischenstopp in Dubai. Die anschließend fünfzehn bis Auckland natürlich nicht. Versuchen werde ich es. Die zweihundert Tonnen Kerosin, die dabei in die Luft geblasen werden, sollen schließlich gerechtfertigt sein. Was sie aber auch sind, wenn ich das Schweigen breche. Denn ich wähle eine ökologische Partei und möchte mich über Neuseelands Energiepolitik informieren.

Nehme ich da Widerspruch wahr? Aber bitte schweigend, ja? Die Kultur der Stille ist auch ohne Flug möglich, hier und jetzt! Danke.

Neue Kette Nordnordost

Auf Reisen gerät man zuweilen in fremde Peer-
groups. »Da müssen Sie hin, da müssen Sie
rauf!«, bestimmt die Wirtin in Mescherin. Das ist an
der Oder, am absoluten Ostrand von Norddeutsch-
land. »Gleich oben an der Grenzbrücke!«

Da steht ein Beobachtungsturm, »der feinste im
Odertal«, errichtet zu hundert Prozent aus unbe-
handeltem Lärchenholz. Vorm Abendhimmel sieht
er aus wie eine Eule mit spitzen Ohren. Diese Ohren
sollen Kranichflügel darstellen. Nur um diese Vögel
geht es hier.

Wir sind unterwegs nach Stettin und haben auf der
Westseite zur ruhigen Übernachtung eingecheckt.
Nun wird's erst mal laut. Erstens durch die Fachge-
spräche der Pensionäre, die seit Stunden den Turm
besetzt halten, auf jeder einzelnen der pagodenhaf-
ten Aussichtsplattformen, bis in zehn Metern Höhe.
Zweitens durch die unaufhörlich kreischenden Vögel. Wir klettern nach oben, gerade rechtzeitig.

»Neue Kette kommt«, bellt ein bauchiger Beobachter mit schwerem Jagdfernglas. Er lehnt wie die
Kollegen vorn am Geländer. Ehefrauen und Verspä-
tete verharren in der zweiten Reihe. »Allmählich

wird der Platz knapp im Polder«, warnt ein Experte in Tarnkleidung. »Selbst wenn die ganz eng stehen.«

Die Kraniche. Kraniche kannte ich bisher nur von meiner Patentante. Die faltete sie aus Papier, als Tischdekoration nach japanischer Art.

Jetzt sind wir in Pommern. Und die Schwärme kommen aus Skandinavien. Erst sind es Punkte.

»Oha, die Geschwader fliegen jetzt massiv ein!«

Sie werden rasch größer, kreisen und kreisen und kreisen noch mal über der Schilflandschaft und landen endlich ungeschickt auf einer überfluteten Wiese, fünfhundert Meter entfernt. Dabei konkurrieren sie mit Zetern, Geifern, Krächzen. »Das Trompeten ist jetzt bei 130 Dezibel«, liest ein Fachmann vom Diagnosegerät ab. Trompeten also. Klingt wie Florence Foster Jenkins im Thermomix.

»Haben Sie auch eine Kranichpatenschaft?«, fragt eine wetterfeste Weißgelockte. Patenschaft? Das erklärt sie gern: »Hat mir mein Mann zur Silberhochzeit geschenkt, Ringpatenschaft plus GPS.« Der Mann, in aufgepumpter Thermojacke, gibt nähere Auskunft: »Wir können die Clementine jetzt mit GPS verfolgen, bis runter in die Extremadura.« Die Clementine also. So heißt die Kranichin jetzt, vermutlich wie die Patin.

»Neue Kette Nordnordost!«, ruft der Chefinspektor. Man starrt in die Dämmerung. Doch nur er hat das teure Nighthunter-Fernglas.

»Hier wird es nie langweilig«, teilt eine weitere Ehefrau mit. »Die Eleganz dieser Vögel, dieses Schreiten, wie sie sich verneigen!«

Aber dieser unelegante Puschel überm Po? Clementines Patin will noch etwas beitragen: »Die werden ja beringt, bevor sie fliegen können, das sind Bodenbrüter.« Allmählich fühlen wir uns als Erstklässler aufgenommen.

»Und die Jungen sind Nestflüchter«, poltert der Gatte. »Während unsere Tochter immer noch zu Hause wohnt!«

Er und ich sind die Einzigen, die lachen. Er hat die Pointe schon häufiger benutzt. Dann trage ich jetzt auch mal was bei: »Ich musste noch *Die Kraniche von Ibykus* lernen, in der Schule.« Eine runde Rosige nickt froh. »Sieh da, sieh da, Timotheus!«, gluckst sie und: »Kraniche gelten ja als Vögel des Glücks.«

In der Schiller-Ballade grüßt dieser Ibykus froh die ziehenden Kraniche und wird gleich danach umgebracht. »Glück ist relativ«, flechte ich ein. »In Kasachstan bedeutet die Ankunft der Kraniche, dass bald der Steuereintreiber kommt.«

Stimmt zwar nicht, klingt aber gut. Allgemeines Schmunzeln. Es beginnt zu regnen. »Na, wir müssen noch weiter«, behauptet meine Frau.

»Oh, die großen Ketten fliegen erst in einer Stunde ein!«

»Aber die offiziellen Kranichwochen sind doch vorbei?«, glaube ich zu wissen.

»Oh Gott, nur Dilettanten kommen während der Kranichwochen!«

»Ah, dann fühlen wir uns jetzt als Experten, Ihnen zum Dank!« Wir verneigen uns kranichgemäß und dürfen gehen.

Wie man die Füße schont

Städte erkundet man am besten zu Fuß. Im Urlaub tragen wir deshalb atmungsaktive Trekkingschuhe, natürlich mit Spezialdämpfung, Aufprallschutz und KI-optimierter Zehenfreiheit. Gehen ist gesund. Obendrein tun wir damit was für die Umwelt. Denn weniger genutzte Fahrzeuge bedeuten auch weniger Emissionen. Obwohl diese Fahrzeuge, wie wir beobachtet haben, ohne uns genauso häufig fahren.

Und, nun ja, manche Strecken können auch wir nicht ohne Weiteres zu Fuß überwinden, jedenfalls nicht in den zwei oder drei Wochen, die uns zur Verfügung stehen. Von Rio nach Manaus müssen wir einen dieser fliegenden Oldtimer boarden, dessen Sauerstoffmasken mit dem Kerosintank verbunden sind und dessen hintere Toilettentür während des Fluges nicht geschlossen werden darf, sonst bricht das Heck ab. Auf der staubigen Seidenstraße zwischen Taschkent und Samarkand besteigen wir einen Zug, dessen Räder seit Erfindung der Dampflokomotive nicht mehr überprüft wurden. Teile der Schienenstränge hat man zum Bau von Dorfgemeinschaftshäusern abmontiert. Macht nichts. Wir kommen an. In sauberen Trekkingschuhen. Und steigen um in den Bus.

Was Busse gewisser Länder und Subkontinente betrifft, hat das Auswärtige Amt einen wichtigen Rat: den Kopf nicht ans Polster lehnen, sonst springen winzige Tiere über. Das zwingt zum Geradesitzen mit integriertem Balancetraining. Busse in gemäßigten Zonen bergen geringere Risiken. Aber was, bitte, sollen so verwirrende Liniennummern wie YV oder 1053a? Wem nützen solche kryptischen Zielangaben? Warum steht nicht einfach »Sommerschloss« drauf oder »Kunstmuseum«, wo wir hinwollen?

Zu Fuß gehen, macht Spaß. Aber wir möchten unsere Schuhe auch nicht überstrapazieren. Also klettern wir in einen Bus, der an der lärmenden Straße zur Kathedrale hält. Die Richtung stimmt. Es kann nicht ganz falsch sein. Eine kurze Strecke dröhnt er wacker geradeaus. Na bitte. Und noch zwei Stationen. Exzellent. Einen Kilometer haben wir jetzt unseren großen Zeh für wichtigere Aufgaben geschont. Zum Beispiel für die 452 Treppenstufen. Ah, da kommt der berühmte Turm schon in Sicht!

Nanu? Unvermittelt biegt der Bus ab. Was soll dieser Schwenk? Es geht hoffentlich gleich wieder zurück auf die richtige Strecke? Jawohl, er blinkt! Entspannung. Wir dürfen uns verlassen auf unsere global geschulte Intuition. Congratulations. Aber nein, er biegt in die entgegengesetzte Richtung! Wozu denn das? Was hat dieser sonnenbebrillte

Fahrer im Sinn? Er kam uns gleich so verschlagen vor!

Im Rückfenster sehen wir die Altstadt kleiner werden. Wir müssen raus, sofort. Warum hält er jetzt nicht? Verflixt, wir hätten diese kurze Strecke zu Fuß gehen sollen! Er fädelt sich in eine vierspurige Schnellstraße ein. Die anderen Fahrgäste finden das völlig normal. Wir schlucken. Ein Blick aufs Display: Auch Google Maps hat den Überblick verloren. Der blaue Punkt, angeblich unser Standort, hüpft irritiert hin und her. Rasch den antiken Faltplan hervorgekramt. Da? Nein. Der Bus verlässt eben die Karte am oberen Rand. Und fährt er jetzt durch bis an die Küste? Oder direkt zur Mülldeponie? Sind wir in einem Transport für Zwangsarbeiter gelandet? Müssen wir unter prekären Bedingungen Tomaten pflücken?

Beinahe. Irgendwann, im Schatten zehngeschossiger Hochhausriegel, zischen die Bremsen. Wir steigen aus und geben uns jetzt mal ganz souverän. Schon um den Fahrer zu beeindrucken. Der soll nicht schadenfroh sein. Nein. Wir tun so, als hätten wir genau hierher gewollt. Perfekt! Daumen hoch! Danke!

Oder ist das ein sozialer Brennpunkt? Auch gut. Wir wollten ja die Schattenseiten unseres Urlaubslandes keineswegs auslassen. Denn wir sind kritische Reisende. Wir lassen uns nicht blenden.

Der Bus zischt noch einmal verächtlich und fährt wieder an. Wir winken lässig. Tja, und nun? Nun legen wir die sieben Kilometer am besten zu Fuß zu-

rück, sicherheitshalber, damit uns nicht der nächste
Bus endgültig aus der Zivilisation transportiert. Die
vierspurige Schnellstraße ist nicht eindeutig als Fuß-
pfad ausgewiesen. Aber im Grasstreifen hinter der
Leitplanke müssten wir halbwegs sicher zurück zum
Ausgangspunkt gelangen. Sehr gut, dass wir auch
mal diese Seite des Landes kennenlernen! Nach
zwanzig Minuten braust derselbe Bus an uns vorbei.
Diesmal Richtung Stadt. Ach so. Dann war also das
Hochhaus-Ghetto so was wie der Wendepunkt. Der
Fahrer wendet uns kurz den Kopf zu. Wir wollen
jetzt nicht wissen, was er von uns denkt. Wir gehen
einfach gern zu Fuß. Er könnte sich ein Beispiel daran nehmen.

Es hätte auch so was wie Uber gegeben zur Über-
brückung unerfreulicher Strecken. Es gibt Bolt. Wir
haben die Apps. Es gibt sogar ganz herkömmliche
Taxis. Nur fehlt uns im Moment die Experimentier-
freude. Man hat ja so manches gehört. Wittern die
Fahrer in uns lieben Menschen nicht sofort leichte
Beute? Dann biegen sie von der Hauptstraße ab, obwohl geradeaus richtig gewesen wäre. Und fahren
dann in einem undurchschaubaren Zickzack. Wieso
sehen wir das Stadttor, an dem wir vor zwanzig Minuten eingestiegen sind, plötzlich wieder ganz nah,
nur von der anderen Seite? Bevor es zu spät ist, müssen wir dem Chauffeur zurufen, dass wir genau an
diese Stelle wollten, genau, ja, das ist der Punkt, exzellent, gut gemacht, super! Und wir sind froh, wenn
er tatsächlich hält, und zahlen dankbar Lösegeld,
weil er uns nicht in eine düstere Toreinfahrt gelotst

hat, zu den wartenden Mitgliedern seines ausgehungerten Familienverbandes.

Rikschafahrer in Asien wirken dagegen wohlwollend. Selbst wenn sie uns übers Ohr hauen, bleiben sie preisgünstig. Sie tun uns sogar leid, weil wir die Vegan-Challenge abgebrochen haben. Ja, sorry, wir haben nicht rechtzeitig abgespeckt. Doch dann, während der Fahrt durchs zerhupte Gewühl, ergreift uns ein absolut verbotenes, ein zutiefst kolonialistisches Hochgefühl. Ach, einmal für zehn Minuten Imperialist sein! Das ist ein erhöhtes Trinkgeld wert. Die Füße werden uns nicht geküsst. Aber die Schuhe beäugt. Ja, atmungsaktiv und KI-optimiert! Und immer noch sauber!

Andere Völker kennen diese restaurativen Bedürfnisse. Sie hieven uns wie einen Nabob auf einen altersschwachen Elefanten oder wie einen Stammeshäuptling aufs Maultier oder führen ein Kamel im Kreis, an dessen Höckern wir festgekrallt schlottern. In der geruchsintensiven Höhenluft ringen wir uns ein Lächeln ab für die Smartphones der unten Gebliebenen. »Du hast irgendwie unentspannt ausgesehen da oben«, behauptet einer von ihnen später. Das lässt sich erklären: »Die ganze Zeit habe ich nachgedacht und bin nicht draufgekommen: War das nun ein Kamel oder ein Dromedar?«

Dergleichen nostalgische Verkehrsmittel, speziell für Touristen ersonnen, sind die wahre Herausforderung jedes Fußwanderers. So ganz freiwillig steigen wir nie ein. Doch dann sitzen wir im Doppeldeckerbus, der eigentlich oben offen sein sollte und auf dessen Plane nun der Regen trommelt. Oder in der Zahnradbahn. Kaum haben wir einen optimalen Sitzplatz ergattert, stürmt eine johlende Gruppe herein und nimmt uns jede Sicht. Im Sessellift schweben wir auf den Aussichtsberg. Kurz vor der Zielstation brüllt ein Herr am Pfeiler: »Lächeln! Hier wird das Foto gemacht!« Wir besteigen das Touristenschiff, das sich von der Anlegestelle erst nach links bemüht bis zum Blick auf die Kläranlage, dann nach rechts bis zum Blick aufs Elektrizitätswerk; wenn es wieder anlegt, haben wir wenig gesehen, aber Apfelschorle zum Höchstpreis getrunken.

Vor den Gondeln in Venedig hat man uns gewarnt. Und nun hebt der Gauner am Riemen tatsächlich zu singen an! Unaufgefordert! Erstens klingt es schauderhaft, zweitens kostet es extra, drittens lockt es Schaulustige herbei, die sich auf den Brücken sammeln und schadenfroh auf uns herabgaffen.

Ach, und all die Planwagen, die ins Watt aufbrechen, und die Heidekutschen, in denen man quer zur Fahrtrichtung aufgereiht wird und an beklommenen Mitfahrern vorbei in die braunlila Ödnis starrt. Im Wiener Fiaker sitzen wir hoffnungslos underdressed und damit als Plethi entlarvt hinter einem Kutscher in Schmäh und Melone.

Am tiefsten sinken wir in jenen sogenannten Nostalgiebahnen, die grell als Touristenattraktion geschminkt durch Altstädte rollen. Wir kriechen hinein wie in ein Kinderkarussell. Eine Kette wird vorgelegt, damit wir nicht weglaufen. Der Fahrer bimmelt. Auf Miniaturgummirädern geht es im Schritttempo voran. Dumpf tönen Erläuterungen vom Digitalspeicher. Eine bedrückte Schar von Leidensgenossen sitzt Knie an Knie und krümmt sich, um unter der Plane hervor einen Blick zu erhaschen auf das, was sowieso nicht sehenswert ist. Einheimische Passanten, auf dem Weg ins Geschäft, überholen uns zu Fuß. Aus ihren Blicken spricht echtes Mitgefühl. Sie betrachten uns als Sträflingskolonne. Und sie fragen sich, wie es so weit kommen konnte mit uns und was wir getan haben. Na ja, eigentlich nichts Böses. Wir wollten nur mal kurz unsere Füße schonen. Wir nennen es Urlaub.

Waren wir nicht schon mal hier?

Sie tragen Kontaktlinsen? Eine Brille? Bestimmt packen Sie beides sorgsam ein. Beneidenswert! Für alles Wichtige führen Sie eine Liste. Sie machen Häkchen. Hätte ich auch machen können.

Aber nun kehre ich gerade zurück von einer außergewöhnlich unscharfen Reise. Kreta im Frühjahr. Es war noch nicht zu heiß, die Luft duftete nach Harz und nach Kräutern, die Wellen rauschten.

Das ist alles. Mehr kann ich nicht sagen. Ans Ziel gelangte ich noch mit klarem Blick. Den Leihwagen konnte ich von Heraklion halbwegs souverän in unser hundert Kilometer entferntes Dorf an der Südküste lenken.

Erst im gemieteten Häuschen offenbarte sich das, was in den Nachrichten »grausame Gewissheit« heißt. Alles hatte ich eingepackt. Nur nicht den sogenannten Kulturbeutel. Der heißt so, weil er die Voraussetzung ist für das Erleben von Kultur. Andere nennen das Teil Necessaire. Weil es die wirklich notwendigen Dinge enthält. In meinem Fall Kontaktlinsen und Brille.

Es wurde Abend. Ich rieb mir die Augen. Die Verfallszeit von Tageslinsen kündigt sich durch subtiles Brennen an. Kenner nennen das Phänomen Aqua-Komfort-Plus. Um Mitternacht verabschiedete ich mich davon und damit vom klaren Sehen.

Meine Frau reagierte mit fröhlichem Mitleid. Von nun an war ich auf sie angewiesen. Der greise Ödipus, heißt es, ist in einer vergleichbaren Situation einfühlsam von einem Knaben geleitet worden. Meine Frau erschien mir ein wenig schadenfroh.

In unserem Geheimtipp von Dorf gab es keinen Optiker. Die nächste Kleinstadt lag am Ende strapaziöser Schotterserpentinen auf der anderen Seite des Küstengebirges. Falls ein Brillenfachmann dort tätig sein sollte, hätte er dann Gläser oder Linsen meiner Stärke auf Lager? Vor etlichen Jahrzehnten habe ich Altgriechisch erlernt, nicht ganz freiwillig, mit Platon und Sokrates. Für das Telefonieren nach Kontaktlinsen erwiesen sich die Vokabelreste als ungenügend. Ich hatte auch nur noch zwei abgenutzte Worte parat, *gnothi seauton*. Angeblich heißt das: Erkenne dich selbst.

»Na, dann mach das doch!«, forderte meine Frau. »Das ist mal eine Gelegenheit, nach innen zu schauen!« Nach innen schauen – dazu nötigen mich manchmal zermürbende Nachtstunden. Nein, danke. »Und was die Landschaft betrifft, musst du die Dinge ja nicht unbedingt klar sehen!«, meinte sie. »Ist es nicht viel schöner, ihnen durch Unschärfe ihr ursprüngliches Mysterium zurückzugeben?« Meer unscharf ist immer noch blau. Land: braun mit grünen Tupfern. Häuser: von außen weiß. Menschen: vielleicht so Richtung Alexis Sorbas.

»Und beim nächsten Mal«, schloss sie, »benutzt du beim Packen eine Checkliste. Denk an Tante Marga.« Tante Marga, der ich angeblich ähnele, hatte im frühen Rentenalter den venezianischen Campanile erstiegen. Als sie samt Reisegruppe wieder auf dem Markusplatz stand, ließ sie begeistert den Blick schweifen über Loggien, Domdächer, Palastfassaden. Plötzlich entdeckte sie einen Turm und rief aus: »Der Campanile! Wir müssen noch auf den Campanile!«

Ihr Mann erblasste. Die Gruppe schwieg betreten. »Marga, wir waren doch eben auf dem Campanile!« Sie erschrak. Gleich darauf erinnerte sie sich und lachte. Alles stimmte erleichtert ein. Zehn Jahre später wusste Tante Marga weder, dass sie nach Italien gereist war, noch, wo sie sich im Augenblick befand.

Bei mir liegt es anders. Bezeichnend für meine Verfassung ist die Überschrift einer Studie, die erst kürzlich veröffentlicht wurde: Vergesslichkeit sei häufig ein Zeichen besonderer Intelligenz. Das kann ich bestätigen. Gerade die Fähigkeit zu vergessen, erklären Neurobiologen, sei die Voraussetzung für höhere geistige Leistungen. Das ist genau meine Sache. Ihre auch?

Dann lassen Sie uns doch gemeinsam die Urlaubsamnesie in vollen Zügen genießen. Vorher, mittendrin und hinterher. Denn hirnphysiologisch abgesegnet ist nicht nur die Vergesslichkeit vor der Abfahrt und unterwegs beim Abhaken der Sehenswürdigkeiten. Höhere Weihen bekommen auch die Nach-Urlaubs-Blackouts. Wenn wir nach Hause kommen, ist uns nicht nur entfallen, in welcher Reihenfolge wir wo wann waren. Wir wissen auch nicht mehr, wie man die Waschmaschine anstellt. Geschweige denn, wie das Passwort für den Computer hieß. Klassische Zeichen herausragender Intelligenz.

Die Vergesslichkeit während des Urlaubs ist uns also nicht peinlich. Vielmehr legt sie Zeugnis ab von unserer Hochschultauglichkeit. Überdies hat sie einen tieferen Sinn. Dass ich eine kostbare Jacke vergaß in Clearwater, British Columbia, möchte ich als Geste verstanden wissen gegenüber den Ureinwohnern. Es war eine Art Opfergabe. Den Ehering, den ich im Speisewagen zwischen Frankfurt und Heidelberg nur ganz kurz ablegte – oder war es auf dem Klapptisch am Sitz? –, den benötige ich nicht, weil ich mich meiner Frau tief verbunden fühle. Dass ich ihn vom Finger nahm, bleibt einer der schönsten Beweise für unverbrüchliche Nähe, ja, für innigste Einheit, auch wenn meine Frau es anders gedeutet hat.

Und natürlich habe ich auch mal die Adresse unserer Vermieterin auf Fünen vergessen. Sonderbarerweise hatte ich sie nicht im Handy gespeichert. Obwohl ich das nicht überprüfen konnte, denn ich hatte das Handy zu Hause gelassen. So mussten wir woanders einchecken und alle Übernachtungen noch einmal bezahlen. Ich habe das sofort verstanden als unseren Weg, die dänische Wirtschaft anzukurbeln. Obendrein konnte ich ohne Smartphone endlich das ersehnte Digital Detox durchführen. Eine höhere Intelligenz zeigte ihr gütiges Wirken.

Sie kennen das? Sie haben doch mindestens mal den Pass vergessen? Man braucht ihn nur noch selten, und wenn man ihn braucht, ist er abgelaufen. Falls er aber noch gültig ist, liegt er im entscheidenden Augenblick daheim auf dem Küchentisch. Und Sie haben auch mal dieses spezifische Aufladekabel zu Hause gelassen und haben das erst am Bahnhof gemerkt und standen vor der Frage: noch mal zurück und dafür zu spät in der anderen Stadt ankommen – oder den richtigen Zug kriegen, knapp noch den Comfort Check-in absolvieren und dann das Erlöschen des Phones live miterleben?

Wie viel Zeit haben Sie in dem schönen Land mit der Suche nach dem Leihwagen zugebracht, den Sie gut sichtbar in einer Nebenstraße abgestellt hatten, deren Namen Sie sich per Eselsbrücke einprägten, die dann aber magisch vom Stadtplan verschwunden war, genau wie die Eselsbrücke aus Ihrem Gedächtnis, der Straßenname sowieso. Das sind Symptome eines hoch entwickelten, perfekt synchronisierten Geniegehirns. Nur eingeschränkte Kleinkrämer erinnern sich an alles.

Sie und ich sind da weiter. Wir lassen die Kaffeemaschine an, wenn wir aus dem Haus gehen. Kreditkarte, Sonnenbrille und Kofferschlüssel bleiben auf der Kommode. Kofferschlüssel? Ach nein, den benötigen wir ja nicht mehr. Wir haben jetzt ein doppelplussicheres Zahlenschloss. Weiß jemand die Kombination? Oder wenigstens, wo sie notiert ist?

Wir stellen wertvolle Ausflugstipps für das Land unserer Sehnsucht zusammen, drucken übersichtliche Lagepläne aus von gelobten Restaurants oder originellen Läden und Brennereien. Dazu legen wir vorausschauend die Tabellen von Busverbindungen und Fährabfahrten. Wir ordnen die Seiten in ausgeklügelter Reihenfolge in eine Klarsichthülle. Und am Urlaubsort freuen wir uns, dass wir das alles zu Hause haben liegen lassen. Denn nun wird unsere Spontaneität und Intuition geschult. Obendrein verbessert sich unser Sprachverständnis, wenn wir nun Empfehlungen oder Rat bei Einheimischen suchen.

Erinnern Sie sich, wie Google Maps Sie unbarmherzig im Kreis herumschickte? Und wie Sie dann lieber einen analogen älteren Herrn an der Tankstelle um Auskunft baten? Stolz auf seine Ortskenntnis ereiferte er sich in peniblen Anweisungen zu Y-Verzweigungen, Häusern mit Erkern, an denen Sie links vorbeifahren sollten, von Parks, die halb zu umrunden waren, von Türmen und Landmarken, die Sie rechts liegen lassen sollten, von Ortsnamen, die einfach so durchrauschten. Sie haben sich für diese glasklaren Hinweise von ganzem Herzen bedankt und wussten schon nach der zweiten Abbiegung nicht mehr weiter.

Vermutlich haben Sie auch mal alle Taschen dreimal durchsucht und viermal umgedreht wegen der Keycard für das Hotelzimmer. Oder war es ein echter metallener Schlüssel? Sie hatten ihn lediglich auf die Stadtrundfahrt mitgenommen. Trotzdem war er abhandengekommen. Nun mussten Sie ihn ersetzen. Ach, übrigens Stadtrundfahrt: Wissen Sie noch den Namen des Gebäudes, an dem Sie eben vorbeigeschleift wurden und das man Ihnen bis in die kleinsten Stuckbögen erläutert hat? Alles gleich wieder gelöscht, oder? Und erinnern Sie sich in der berühmten Gemäldegalerie beim Weiterschlurfen noch an das vorletzte Meisterwerk, dessen Pinselstrich und Jahresdaten Ihnen per App oder Audioguide ins Ohr geblasen wurden?

Ich ebenfalls nicht. Unser fortgeschrittenes Gehirn benötigt dieses altbackene Zeug nicht. Stattdessen erinnern wir uns noch an den Mantel, den wir in der Garderobe hängen ließen, weil es am Nachmittag plötzlich so warm geworden war. Wir konnten den Mantel am Abend durch die Glastür erspähen, als das Museum längst geschlossen hatte. Tröstend haben wir ihm zugewinkt. Am folgenden Tag hielt das Museum Ruhetag, und wir mussten die Stadt für weitere Highlights an ferneren Orten verlassen. Herausragende Intelligenz hat ihren Preis.

Frauen, so berichten Neurobiologinnen, verfügen über ein besseres Gedächtnis. Nur nicht auf Reisen. Frauen vergessen ihr Bürstensortiment, die normale und die Rundbürste, ihre Pillen, Tampons, Migräne-Triptane, den überlebensnotwendigen Labello, die Kosmetiktasche, die oversized T-Shirts, die als Nachthemden dienen, die Strandkleider, die Strickjacke, den Föhn. Männer vergessen eigentlich nur die landestypische Salami im Minikühlschrank des Hotels, dazu vielleicht noch die Hose in der zimmereigenen Bügelpresse oder hinterm Sofa. Ich selbst stelle gern einen Karton mit Mitbringseln aufs Autodach, bevor ich losfahre, damit irgendjemand anderes sich daran erfreut. Der Tankdeckel liegt übrigens noch auf der Zapfsäule. Und der Koffer harrt immer noch herrenlos in der Hotelhalle aus, sofern er nicht vom Kampfmittelbeseitigungsdienst entschärft worden ist.

Als Eltern haben meine Frau und ich mal die Kuscheldecke unseres Jüngsten zu Hause vergessen und auch mal die Lieblingspuppe, die abreisefertig auf der Spiegelkonsole saß neben dem unverzichtbaren Kuscheltier. So haben wir früh versucht, unsere Kinder zu Selbstständigkeit zu erziehen. Können die vielleicht mal selbst an ihre Decken, Puppen, Tiere denken? Statt nur an die Tüte mit den Süßigkeiten?

Immerhin haben wir nicht unser eigenes Kind am Strand vergessen. Das wäre unverzeihlich gewesen. Sondern nur dasjenige unserer Freunde, das uns anvertraut war. Im Strudel der kreischenden Gruppe konnte sich dieses reizende stille Mädchen nicht recht bemerkbar machen. Erst beim Nachzählen in unserem gemieteten Häuschen fiel auf, dass ein Kind fehlte. Wir fanden es später beim Strandkorbvermieter, dem es Witze aus dem Kindergarten erzählte. Na bitte! Inzwischen hat sich das Mädchen zu einer recht bekannten Comedienne entwickelt. Und statt ihr eine Traumatherapie zu finanzieren, hätten wir gern etwas von ihren Tantiemen. Denn haben nicht wir ihr damals zu einer Art Kickstart verholfen? Oh ja! Wir boten dem Kind die Möglichkeit zum Üben einer Kontaktaufnahme mit fremdem Publikum und zur humorvollen Selbstbehauptung auf einer Art Bädertournee. Aber das ist leider typisch in unserer

Zeit: Die frühen Förderer werden von den Stars gern vergessen.

Kurz, das Schwinden der Erinnerung gehört zu den wesentlichen Kennzeichen des Reisens. Nicht nur, weil unsere Synapsen geflutet werden mit immer neuen Sinneseindrücken und Informationen. Sondern auch, weil wir uns die Neugier erhalten wollen. Wir möchten unbelastet von Erinnerungen die neuen Gegenden erkunden, staunend und frisch. Zumindest sollen uns die Gegenden neu erscheinen. Sie sind es nicht immer. Es gibt diese Déjà-vu-Erlebnisse. Wir biegen um die Ecke, überblicken die Straße mit den gestaffelten Häusern einer Belle Époque, entdecken in einem Ausschnitt dazwischen das Meer und schauen uns verwundert an: Waren wir nicht schon mal hier?

Könnte sein. Moment. Doch, ja, tatsächlich. Ein späteres Nachschlagen in unseren Reisechroniken bestätigt es. Aber erstens ist es schon eine Weile her. Zweitens ist jetzt der Vergleich interessant. Und drittens macht es sowieso nichts. Wen so etwas stört, der wendet sich am besten an den berühmten Schutzpatron der Vergesslichen. Jenen herausragenden Heiligen, der jederzeit gerufen werden kann, wenn es um verlorene Gegenstände geht oder um verlorene Erinnerungen. Seine Kraft wirkt besonders stark und geradezu langfristig heilsam in einer gewissen italienischen Stadt. Oder war es eine portugiesische? Wenn Ihnen der Name einfällt, der Stadt und des Heiligen, geben Sie mir bitte diskret Bescheid.

Mit Experten im Regen

In Büchern, vor allem in Kinderbüchern, ist Regen ein fröhliches Fest. Die Tropfen trommeln lustig gegen das Fenster, springen hell auf dem Geländer hin und her, und die Dachrinne singt und schwatzt und gurgelt. Auch als Erwachsene können wir Regen zuweilen genießen, jedenfalls, wenn wir nicht rausmüssen. Dann dürfen wir vom Fenster aus zusehen, wie andere sich die Jacke über den Kopf ziehen und durch Pfützen flüchten.

Im Urlaub verhält es sich ein wenig anders. Natürlich haben wir uns vorher schlaugemacht. Mehrere Websites schildern unseren ausgewählten Ort als sonnenverwöhnt. Etliche gesponserte Erfahrungsberichte bestätigen das. Eine vom Tourismusverband verfertigte Grafik zeigt, dass die gesamte Region in unserer Reisezeit die meisten Sonnenstunden des Jahres genießt.

Doch es gibt Ausnahmen. In diesem Jahr enden die Sonnenstunden mit dem Tag unseres Eintreffens. Wir finden das nicht schlimm. Wir haben früh gelernt, dass wir nicht aus Zucker sind. Obendrein ist uns eingebimst worden, dass es kein falsches Wetter gibt, nur falsche Kleidung. Das können wir nicht überprüfen, denn die richtige Kleidung haben wir nicht mit. Wir haben der Website geglaubt.

Aber wir finden es wichtig und unterstützenswert, dass es regnet. Gerade einem derartig sonnenverwöhnten Ort kann das nur guttun. Bei Regen muss er nicht künstlich bewässert werden. Wir sind eingetragene Verfechter der Nachhaltigkeit. Deshalb freuen wir uns von ganzem Herzen, dass der Regen hier besonders nachhaltig fällt. Also beharrlich, ergiebig, ohne lästige Pause, und wenn man die wechselnde Intensität einbezieht, sogar divers. Schön, dass unser Ort dafür offen ist!

Wir haben keine Mühe, uns die Zeit zu vertreiben; wir wissen nur nicht womit. Viel Spaß macht es, den perfekten Moment abzupassen. Das gelingt mit unseren Wetter-Apps. Wir kennen das Bonmot: »Drei Wetter-Apps – vier Prognosen«. Aber das bezieht sich auf die laxen kostenlosen Anwendungen. Die basieren auf weitmaschigen Gitternetzen und sind deshalb unpräzise. Wir bevorzugen die kostenpflichtigen Varianten.

Und bitte sehr, die Pro-Version meiner Frau und meine App mit Expertenstatus stimmen am zweiten Tage überein: Der Nachmittag bleibt regenfrei, und zwar bis exakt 17:32 Uhr! Na, dann nutzen wir das! Unser direkter Draht zum Wetterkompetenzzentrum macht es möglich. So stapfen wir auf ausgewiesenen Pfaden durch die Dünen, bis wir nach einer Stunde an den entlegenen Strand gelangen, der nur Eingeweihten vorbehalten ist. Oder wir paddeln mit dem Boot weit hinaus auf den großen See, und die dunklen Wolken stören uns nicht, denn wir sind minutengenau informiert. Wir kraxeln guten Mutes auf dem anspruchsvollen Pfad über schrundige Grate zur Hütte, in genau der benötigten Zeit bis 17:31 Uhr.

Na gut. Und trotzdem und ohne Absprache mit den Experten ziehen sich plötzlich die Wolken zusammen. Und brechen auf. Es wirkt so, als täten sie es extra für uns. Schon überschütten sie uns mit ihrem Reichtum. Unsere Smartphones sind wasserdicht. Trotzdem können wir auf dem Display kaum erkennen, was sich ereignet hat. Aha, bei mir ist eine Unwetterwarnung eingegangen. Bei meiner Frau scheint noch die Sonne. Jedenfalls in der App. In der Wirklichkeit eher nicht. Wir raffen unsere Sachen zusammen, vor allem die frisch gepinselten Aquarellblätter. Falls wir im Boot sind, legen wir uns in die Riemen. Am Strand sehen wir uns nach einer Hütte um. Gibt es nicht. Im Gebirge nach einem überhängenden Felsen. Wenn es den nicht gibt, erheben wir unsere Hände zum Kruzifix. Und winken wenigstens Richtung Gipfelkreuz.

Nach kurzer Zeit bleibt uns nichts anderes übrig, als die höchste Tugend an den Tag zu legen: die Hingabe an das göttliche Geschehen. Anfangs mögen wir uns heimlich geärgert haben, dass die Schuhe aufquellen, dass die Haare platt auf der Stirn kleben und dass kaltes Wasser in den Kragen rinnt. Vielleicht missfällt uns auch, dass die Hose von Schlammspritzern besudelt wird. Aber wenn sie erst völlig durchnässt an den Beinen klebt, ist das egal. Wir sind im Urlaub. Und das bedeutet auch: Der Regen darf kraftvoll sein. Nicht so unentschieden und gezähmt wie daheim. Nein, an besonderen Orten soll es auch besonders regnen. Später haben wir dann was zu erzählen.

Und obgleich die Pensionswirtin behauptet, es gieße hier zuerst heftig, klare dann aber rasch wieder auf, gießt es zuerst heftig und regnet sich dann ein. Die über die Heizung gebreiteten Socken bleiben feucht. Jetzt erst verstehen wir, weshalb der Schrank mit Spieleschachteln vollgestopft ist, mit Scrabble, Mühle, Dame, Halma und Schach für geistvolle Tages- und Abendstunden. Auf eine stabile Webverbindung müssen wir verzichten. Daher wohl der Irrtum der App. Also füllen wir in den reichlich vorhandenen Rätselheften die letzten verbliebenen Lücken und finden es herrlich altmodisch. Reichskanzler mit sechs Buchstaben, das ist echt vintage. Auch die Zeitschriften erweisen sich als antik, gespendet von Besuchern früherer Jahre. Die interviewten Prominenten sind längst verblichen, aber die Beziehungsratschläge und Diätvorschriften gelten noch immer. Schön, dass wir mal wieder zu bereichernder Lektüre kommen.

Am Fenster bilden sich wissenschaftlich erforschbare Wasserstraßen. Einige Regentropfen tun sich zusammen, um schneller abwärtszurinnen, andere bleiben allein und scheinen an der Scheibe zu haften. Warum? Wollen sie uns etwas mitteilen? »Fotografier das doch mal!«, sagt meine Frau wie zu einem Kind, das beschäftigt werden muss. »Ich frage mich gerade, welchen Luftwiderstand Regentropfen überwinden müssen«, behaupte ich, ohne Mitarbeit zu erwarten. Wer viel Zeit hat, verfällt auf solche Gedanken. »Und zerplatzen die Tropfen eigentlich beim Aufprall auf dem Boden?« Das täte mir leid.

Der Horizont hellt gelegentlich auf, aber das bleibt ohne Einfluss auf das Wettergeschehen. Wir bestätigen uns gegenseitig, dass die Bauern sich freuen und dass die Natur aufatmet. Und dass gerade bei Nässe die Landschaft ihren eigentümlichen Charme offenbart. Außerdem ist Regenluft frei von Pollen und gesund für die Haut. Man benötigt keine Sonnenschutzcreme. Wie wir im Bereich der Türschwelle erkennen können, trauen sich nun auch jene urzeitlichen Tiere zu uns, die Asseln genannt werden. Es sind genau genommen winzige Krebstiere. Und es gibt Menschen, die halten so etwas in feuchten Terrarien. Das ist hier nicht nötig. Unser Apartment ist das Terrarium. Und allmählich wird es ein Aquarium. Am vierten Tag gehen wir zur Kiemenatmung über und patschen hinaus.

Nachdem wir den Motor trocken geföhnt haben, springt er an. Wir fahren in die nächste kleine Stadt. Dem Webauftritt haben wir entnommen, dass sie schöne Giebelhäuser aufweist. Wir müssen es glauben, denn wir lernen sie nur bis zum unteren Rand des Regenschirms kennen. Umso mehr können wir die geometrischen Muster im Pflaster des Gehsteigs würdigen. Wir loben die Strömungsverhältnisse im Rinnstein; die hätten wir uns als Kinder für unsere Papierschiffchen gewünscht. Weil wir gerade nicht in einer Stadt wie Bern sind, die man in Laubengängen trocken durchqueren kann, treten wir zuweilen in einen Laden ein und täuschen Interesse vor. Beschlagene Brillengläser werden unter Aufsicht des Verkaufspersonals in Ruhe trocken gerieben.

Und magisch zieht es uns in das regionale Museum, wo wir unsere durchnässte Kleidung einer Garderobiere aufnötigen können. Nie haben sich so viele Touristen für Funde der Vor- und Frühgeschichte interessiert wie in diesen Tagen. Steinzeitliche Waffen, Geräte, Schmuck, Keramikgefäße, unter Entbehrungen aus Gräbern und Höhlen geborgen. Landkarten und Tafeln informieren wortreich über die Besiedlung der Region in der Bronzezeit. Die Besucher schlafen im Stehen. Alle dünsten dieselbe warme Nässe aus. Seltsam, die feuchte Wolle riecht ähnlich, wie der Weißwein dieser Gegend schmeckt.

Abends füllen wir ihn uns ein. Unseren Apps entnehmen wir, dass es weiter südlich noch stärker regnet. Es gehen Warnungen ein zu Erdrutschen, Stromausfall und umstürzenden Bäumen. Lediglich in Deutschland bleibt es sonnig und trocken. Aber vielleicht stimmt das gar nicht? Der Wetterbericht irrt genauso häufig wie unsere Expertenanwendung. Wir werden also ungestraft erzählen können, dass es bei uns sonnig war. Und, ja, sicher, es hat mal einen erfrischenden kleinen Schauer gegeben, aber der war gleich wieder vorüber. Und nachts hat es mal ausgiebiger geregnet. Das wird unseren Freunden gefallen. Und womöglich fahren sie bald an unseren Urlaubsort und ärgern sich, dass wir alle Kreuzworträtsel gelöst haben.

Die indigene Bevölkerung fördern

Was früher nur wagemutigen Entdeckern gelang, glückt auf Reisen auch uns: Wir nehmen Kontakt auf mit der indigenen Bevölkerung. Mit den Eingeborenen. Oder wenigstens mit den Einheimischen. Das tut uns gut. Und der Bevölkerung erst recht. Etwa wenn wir an der Reling lehnend auf unserem Kreuzer den Fluss hinabgleiten, und die biologischen Reisbauern und fairen Fischer stehen am Ufer. Wir winken großherzig, sie winken zurück. Na bitte. So einfach ist Friedensarbeit. Wir begeben uns heiter zum Abendessen.

Wenn wir auf der Studienreise aus dem Bus klettern, um die osmanische Karawanserei zu bestaunen, kommen die autochthonen Händler zwar etwas zu nahe. Doch wenn wir ihnen ein gefälschtes Kettchen abkaufen, klopfen sie uns auf die Schulter und loben Deutschland. Das ist erleichternd nach allem, was wir über uns selbst gedacht haben. Danke.

In staubigen Ländern fühlen wir uns wunderbar aufgenommen im kleinen Wirtshaus, das zugleich als Laden und Wohnzimmer dient, in dem das Kind Schularbeiten macht, während die Mutter kocht und der Vater die Flaschen entkorkt. Die Großmutter in

Witwenkleidung putzt das Gemüse und lächelt zahnlos. Einzelne Vokabeln fliegen hin und her, keiner kapiert, worum es geht, aber jeder nickt. Unsere preisgekrönten Spiegelneuronen übernehmen den Dialog.

»*Dentista, si, si!*«, versprechen wir und deuten auf die Großmutter. »*Nuevo*, kein Problem! Unser Freund ist Zahnarzt, den bringen wir nächstes Mal mit!« Wir sind nicht sicher, ob sie es verstanden haben, aber sie freuen sich. Die Großmutter lacht froh. Ja, ja, wir sind Ärzte ohne Grenzen.

Nach Afrika oder Indien, raten Experten des Auswärtigen Amtes, sollen wir Luftballons und Kugelschreiber mitnehmen, jedenfalls für die Kinder. Das kommt tatsächlich gut an. Es gelingt uns, mehrere farbintensive Fotos zu posten, auf denen wir, von lachenden Kindern umringt, Luftballons aufblasen. Außenministerinnen aller Länder machen solche Bilder. Denn so etwas ist tatkräftige Hilfe für die Unterprivilegierten. Unsere Freunde beneiden uns um diesen antikolonialistischen Einsatz. Ja, wir kämpfen auf Seiten der Ursprünglichkeit.

In Dubrovnik, auf der Suche nach einer Alternative zum abgeranzten Hotel, informiert uns die Dame im Tourismusbüro, sie vermiete selbst ihre Wohnung. Wir könnten gleich hingehen, ihre Mutter sei da. Wenig später sinken wir auf den Grund eines Plüschsofas in einer ehemals großbürgerlichen, nun heillos zugerümpelten Wohnung. Es riecht nach längst hingesunkenen Generationen. Eine freundliche Greisin in Nachthemd und Bademantel schiebt uns einen Teller Speck hin und deutet bedauernd auf ihr Herz. Sie darf das nicht mehr essen.

Wir haben Aspirin dabei und treten ihr selbstlos zwei Stück ab – »Herz bald wieder gesund!« –, wenn wir dafür wieder gehen dürfen und den Speck nicht essen müssen. Zur geistigen Unterstützung des Heilungsprozesses loben wir schnell noch die Püppchen, Strohblumen, Rosenkränze und glühenden Gemälde: »Wunderschön haben Sie es hier!« Ohne dass wir sie verstanden hätten oder sie uns, gehen wir wieder, lächelnd, nickend, winkend.

Völkerverständigung geschieht von Herz zu Herz. So hat es der letzte Dalai Lama gesagt, und mindestens auf seiner Höhe fühlen wir uns im Kontakt mit Einheimischen. In Budapest spricht uns in der Kirche ein Greis an, ob wir etwas über das Bauwerk wissen wollten. Nein, bloß das nicht. Aber er beginnt sofort zu erzählen. Weil wir zustimmend lächeln, mümmelt er so weitschweifig, dass wir ihn, um die Sache zum Abschluss zu bringen, nach Deutschland einladen: »Sie müssen eine Vortragsreise halten!« Unsere Mailadresse rücken wir nicht heraus. Aber er kann uns seine geben. Wir werden alles organisieren.

In Griechenland zeigt uns ein unrasierter Hirte den überwucherten Eingang zu einer antiken Höhle. Um den Mann nicht zu beleidigen, klettern wir in das kalthauchige Verlies voller Würmer und Molche. Hinterher schenken wir ihm Geld und ewige Freundschaft aus Dankbarkeit, dass er nicht die Steinplatte über den Eingang gewälzt hat. Hat er eine Website? Oder wenigstens sein Cousin? Die empfehlen wir weiter, ganz bestimmt. Wir würden sogar seinen Asylantrag ausfüllen.

Im Elsass steigen wir ins Auto der eigentlich harmlosen Zugehfrau des Vermieters. Sie hat sich bereit erklärt, uns die Gegend zu zeigen. Nach wenigen Kilometern fragen wir uns, ob wir das wirklich so im Detail sehen wollen, und vor allem, ob wir ihr zuhören müssen. Kastelle, Weinberge, Fachwerkstädtchen treiben unbeachtet vorüber, während sie ohne Unterbrechung aus ihrem Leben erzählt, besonders von den Problemen ihres Sohnes, der immer an die falschen Frauen gerät.

Und sonderbar, ausgerechnet so etwas prägt sich ein. Strebebögen, Krönungssäle, Triumphsäulen verblassen. Aber die freiwilligen und mehr noch die unfreiwilligen Begegnungen mit Einheimischen bleiben. Sollen wir diese Leute nun auch noch in unsere Kontaktliste aufnehmen, wie wir versprochen haben? Vielleicht erst mal nicht. Wir kommen vom Völkerrecht, sind Aktivisten und haben einstweilen genug getan für das harmonische Miteinander. Und zu Hause haben wir eigentlich auch keinen Kontakt mit Einheimischen.

Wenn es nicht mehr weitergeht

S elbst die längste Reise beginnt mit dem ersten Schritt«, soll der Weise Laotse gesagt haben. Dem Kollegen Konfuzius wird der Kommentar zugeschrieben: »Genieße den ersten Schritt, denn mit dem zweiten bleibst du stecken.« Das klingt naseweis. Doch erstaunlich häufig trifft es zu.

Bereits auf dem Weg die Treppe hinunter knickt der Fuß um, der Koffer rauscht abwärts und gibt seinen Inhalt preis. Die Nachbarin, vom Lärm aus der Wohnung geschreckt, begutachtet die Ladung: »So wenig Wäsche? Kommen Sie damit aus? Und was ist denn das da?« Dabei weiß niemand so genau wie sie, was ein Vibrator ist. Oder beim zweiten Schritt, die Fußmatte ist knapp erreicht, schlägt unsere eigene Tür zu. Der Schlüssel und die ausgedruckten Voucher liegen drinnen. Alles schon erlebt. Das gehört dazu.

Gewöhnlich schaffen wir es ja bis zum Taxi. Das Steckenbleiben kommt später. Etwa am Abflugterminal, weil der Wind gedreht hat oder weil die Beseitigung des Sekundenklebers von der Startbahn diesmal länger dauert. Wir bleiben mit dem Zug stecken aus allen Gründen, die seit der Erfindung der

Eisenbahn erdacht wurden. Und wir stecken mit dem Auto fest wegen der Vervielfältigung der Baustellen oder wegen vierspuriger orientalischer Hochzeiten oder weil der Akku vorzeitig gealtert ist. Es sind keine elementaren Katastrophen, die uns stocken lassen. Die gibt es auch. Respektvoll gedenken wir jenes Ehepaares in Pompeji, das mitsamt seiner hölzernen, mit Bronze verstärkten Reisetruhe vom Ascheregen heimgesucht wurde. Das ist uns noch nicht passiert. Aber es gibt auf jeder Reise Ereignisse, die den Erholungsfaktor Reibungslosigkeit zu Fall bringen. Es läuft nicht glatt. Es geht nicht wie geplant. Irgendwo bleiben wir stecken.

Der Flug ist gut verlaufen. Dank Rückenwind haben wir sogar die Verspätung aufgeholt. Unten, im Glanz der Abendsonne, leuchtet magisch die Stadt. Dort sollen wir landen. Aber wir landen nicht. Wir setzen nicht mal zum Sinkflug an. Unablässig beschreibt der Flieger denselben weiten Kreis. Warum? Will der Pilot jemandem imponieren? Hat er Schulden und muss diese eine Wette einlösen? Via Lautsprecher hofft er heuchlerisch, es werde nicht mehr so lange dauern. Ja, ja. Als wir schließlich aufsetzen, ist es zu spät. Der Schalter der kleinen Mietautofirma ist nicht mehr besetzt. Die Übernachtung war siebzig Kilometer entfernt gebucht, das wird nun nichts.

Oder wir schaffen es gerade noch bis an die Küste und auf Umwegen sogar bis an den Hafen. Von dort soll die Fähre zum kleinen griechischen Eiland ablegen. Das tut sie auch. Sie war sogar pünktlich.

Wir sehen sie noch! Hallo! Wir winken heftig. Man winkt fröhlich zurück. Unser Rufen verhallt im Brausen von Wellen und Wind. Die sich da grüßend entfernen, ahnen sicher, was unser Problem ist. Aber mal eben umkehren ist nicht drin. Warum denn auch, die nächste Fähre geht bereits in vier Tagen. Bis dahin heißt es improvisieren. Es gibt hier nur ein bröckelndes Hafenhotel. Ein paar Damen wundern sich, dass wir uns als Ehepaar nähern.

Mit dem Zug ist schon lange niemand mehr reibungslos angekommen. Wer es schafft, unterwegs abzuspringen, hat ein abgesetzter Verkehrsminister gesagt, der kommt mitunter früher ans Ziel. Die weniger Sportlichen, wir zum Beispiel, bleiben sitzen und hören sich an, welche Anschlusszüge leider nicht mehr erreicht werden können. Kann auch sein, dass es lapidar heißt: Der Zug endet hier. Hier? Es handelt sich um eine Provinzstadt, deren Namen wir im Quiz nur mit Mühe richtig zuordnen könnten. Wir wollten viel weiter, aber ein Baum liegt über der Trasse oder eine geschützte Wölfin hat sich zwischen zwei Schwellen niedergelassen, um unter Aufsicht des Wolfsmanagements zu gebären.

Ja, das gehört sich so. Und immerhin haben wir nicht erst auf freier Strecke angehalten, sondern in diesem zum Abriss freigegebenen Provinzbahnhof. Angeblich werden auf dem Bahnsteig nähere Auskünfte erteilt. Doch die anderthalb Bediensteten mit Schirmmütze sind bereits von Trauben von Menschen umlagert und versuchen selbst, per Funk Orientierung zu erlangen. Ein weiterer Zug rollt ein, die Fahrgäste drängen heraus und stürmen den Zug, den wir eben verlassen haben; er sei der einzige, der weiterfahre. Jeweils die letzte Information gilt als die wahre. Nichts stimmt. Noch ein Zug stoppt. Die Stadt hat zwei Hotels. Während die Reisenden Geld zurückfordern, sichern wir uns ein Zimmer.

Mit dem Auto suchen wir Unabhängigkeit. Und warum ist jetzt in unserem südlichen Lieblingsland die einzige Küstenstraße gesperrt? Frühlingshafte Wolkenbrüche haben sie überflutet? »Das liegt am Klimawandel.« Ja, klar. Dann fahren wir mal achtsam drauflos. Erst als wir die letzten Häuser hinter uns haben, sieht die Straße ein wenig feucht aus. So was nennen die hier also überflutet. Wir kommen aus Deutschland. Regen und Nässe sind uns bekannt. Wir fahren frohgemut weiter, geduldig und langsam.

Als irgendwann Wellen gegen die Kotflügel klatschen, klingt das nach lustiger Seefahrt. Dann ertrinkt röchelnd der Motor. Diese empfindlichen südlichen Fabrikate! Wir schaffen es noch bis zum Straßenrand. Vom Hang oben grüßt eine Hütte. Man freut sich, uns zu sehen. Ja, im übernächsten Dorf gibt es einen Mann, der eine Werkstatt betreibt. Mehr so in Richtung Hufschmied, aber trotzdem. Allerdings ist er mit dem Moped in seinen Heimatort gefahren. Morgen ist Nationalfeiertag. Bis zum kommenden Wochenanfang wird gefeiert. Ah, schön. Das klingt ganz nach unverstellter südlicher Lebensfreude. Und im Laufe des Sommers trocknet das Auto gewiss auch wieder.

Oder ist es Winter? Dann haben wir es klug am Rande des Skiortes abgestellt und fürs Erste nicht weiter benutzt. Inzwischen hat es geschneit, erfreulicherweise recht großzügig und gleich einige Tage lang. Anschließend muss der Schneepflug gekommen sein. Jetzt ragen nur noch Antennenstummel ein paar Zentimeter weit aus dem Schnee. Nahezu unterschiedslos bei allen Autos. Bis wir unseres finden, graben wir versehentlich drei andere frei. Dürfen wir dafür ein Honorar veranschlagen? Die feigen Besitzer geben sich nicht zu erkennen. Mit der Menge der einheimischen Gebirgler sehen sie uns verschränkten Armes genüsslich zu.

Im Sommer sind wir mit der Seilbahn gefahren. Und es wurde ein bisschen unheimlich, dreihundert Meter über felsigem Grund, als die Fahrt nicht fortgesetzt werden konnte. Anfangs gab es noch Durchsagen: Bitte Ruhe bewahren, der Fehler wird so schnell wie möglich behoben. Da wurden noch Witze gemacht. Dann versiegten die Gespräche. Ein Wind kam auf, und die Gondel schaukelte und schwankte. Wir merkten, dass wir kurz vor der Abfahrt nicht noch schnell aufs Klo gegangen waren. Alle schwitzten.

Anders war es im Sessellift, der in peitschenden Schneeböen stehen blieb. Die eisige Helligkeit blendete, bis uns die Augenlider zuwuchsen. Wir durften uns an die Leute erinnern, die am Everest erst nach Jahren vom ewigen Eis freigegeben wurden. Schön, den Beginn so eines Prozesses mal live mitzuerleben.

Genießen wir den ersten Schritt der Reise. Denn mit dem zweiten oder dritten stecken wir fest. Mit der denkmalgeschützten Schmalspurbahn, die im Tunnel ihren letzten Seufzer aushaucht. Mit dem Boot, dessen Motor in optimaler Entfernung vom Festland aufgibt; der Landstreifen ist noch vage zu ahnen. Auf der alpinen Wanderung, wenn das Wetter umschlägt. Und im Zweifelsfall auf dem Rückflug, der streikbedingt eine Übernachtung auf dem Flughafen erzwingt; die Bänke sind bereits von hartgesottenen Schnarchern belegt.

Erst der allerletzte Schritt der Reise, der durch die eigene Haustür, gelingt mit etwas Glück unproblematisch. Und ah, Entspannung, jetzt ist alles glattgelaufen. Und was nicht glattgelaufen ist, stellt sich als Rausch und Abenteuer dar. Schön, dass wir das erleben durften!

Beim Rückflug sind die Sitze enger

Im Alltag ernähren wir uns vorbildlich. Da schwingen wir mit der glücklichen Mehrheit in Deutschland. Achtzig Prozent äußern sich überzeugt, dass sie sich gesund ernähren. Den restlichen zwanzig Prozent ist es egal. Diese ungesunden zwanzig Prozent sehen wir immer, wenn wir in der Stadt unterwegs sind, in Bus und Bahn und auf den Straßen. Die Schlanken bleiben zu Hause. Die kommen erst raus, wenn es dunkel wird.

Oder handelt es sich bei der breiten Überzeugung um eine Fehleinschätzung? Die Koryphäen der Nährstoffberatung äußern ja immer nebelhaft, man solle sich »ausgewogen« ernähren. In Ordnung. Ausgewogen. Das Etikett kann sich jeder auf den Bauch kleben. Auch wir.

Ja, auf den Bauch. Denn so richtig rank und schlank sind wir nur noch auf älteren Fotos. Auf Papierbildern, die vor dem digitalen Zeitalter entstanden sind. Ein paar magere Ansichten gibt es noch aus der Zeit, als wir Covid hatten, kurz nach der Impfung. Aber da sehen wir weniger schlank aus als eingefallen, hohlwangig, schlapp.

Das ist vorbei. Wir haben alle Defizite ausgeglichen. Und zwar in einem Maß, dass wir jetzt beschlossen haben, uns in den Ferien ausnahmsweise vernünftig zu ernähren. Oder zumindest ausgewogen. Die Figur unserer Zwanzigerjahre werden wir nicht mehr erlangen. Aber es würde schon reichen, wenn wir ohne Fettaugen und erworbene Schweratmigkeit aus dem Urlaub zurückkehren.

Es sind ja immer die Reisen gewesen, die uns aufgebläht haben. Ein paar Jahre lang haben wir Schmeichlern geglaubt, die uns bei jeder Rückkehr verjüngt fanden und fragten, ob wir beim Liften gewesen seien. Tatsächlich waren die Falten verschwunden. Aber eben nicht durch Unterspritzen, sondern durch Unterfüttern. Wir hatten sie von innen aufgefüllt.

Schluss damit. Wir wollen nicht länger die Behauptung aufrechterhalten, wir bekämen beim Rückflug stets kleinere Maschinen als auf dem Hinflug. Bei der Heimkehr wirken die Sitzreihen deutlich verengt, und die Gurte sind von Sadistenhand strengstens gestrafft.

Woran liegt es nur, dass bereits in der dritten Urlaubsnacht das Schlafen in Seitenlage und auf dem Bauch problematisch wird? Warum ist der Schwerpunkt magisch Richtung Nabel verrutscht? Nur dort liegt der Körper noch auf, wie bei einer Robbe im Balanceakt.

Liegt es am Frühstücksbuffet? Das ist eindeutig üppiger als daheim, wo wir zum Aufbau eines meterlangen Buffets morgens nur selten die Zeit finden.

Sollen wir nun auch im Urlaub nur Müsli kauen, statt Brötchen, Eier, Schinken, Lachs, Würstchen, Kuchen in wiederholten Gängen auf den Teller zu laden, was ja alles angeboten wird und wofür wir bezahlt haben? Das wäre Schlankheit am falschen Ende. Rufen wir uns lieber ins Gedächtnis, dass wir morgens wie ein Kaiser essen sollen. Dann sparen wir das Mittagessen.

Ging eigentlich der Kaiser nach dem ausgiebigen Frühstück gleich wieder schlafen? Uns ist ganz danach. Nur sind wir zur Besichtigung verdammt. Zahlreiche Sehenswürdigkeiten haben Sterne und wollen abgehakt werden. So schleppen wir uns in die Altstadt. Man hört ja, achtsames Gehen mache schlank. Und noch mehr Kalorien verbraucht das Vortäuschen kulturellen Interesses. Kein Problem für uns! Jedenfalls bis zur Mittagspause. Wir wollen lediglich ausruhen. Doch es erweist sich als schwierig, einen Sitzplatz zu finden, der nicht zu einem Restaurant gehört. Wir sind genötigt, eine Kleinigkeit zu uns zu nehmen. Auf Studienreisen sind wir sogar zu opulenten Portionen verpflichtet, andernfalls bekäme der Reiseleiter nicht seine Provision.

Wie lautet der Expertenrat? Viel frisches Obst und Gemüse? Gewiss, ja, aber Obst, gewaschen oder ungewaschen, führt in exotischen Ländern oft zu so durchgreifenden Schlankheitskuren, dass die Betroffenen mit dem Hubschrauber ausgeflogen werden müssen. Gemüse besteht meist aus drei Gurkenscheiben am Tellerrand oder einem Fuder Zwiebelringe auf verkohltem Fleisch.

Was haben wir da vor uns? Ein gut abgekochtes Schnitzel? Durchgeschmorte Innereien? Ein vom Blitz getroffenes Huhn? Vorsichtshalber entscheiden wir uns für die graubraune »Nudelpfanne tricolore«. Oder für die zweifelhafte Mischung aus dem Wok, die von all dem Glutamat glänzt, das aus Deutschland abgeschoben wurde. Als Alternative winken pappige Sandwiches, schwere Mehlsoßen und sozialistische Eintöpfe in fortgeschrittenen Ländern.

Wie sollen wir nun schlank bleiben? Unser Magen erweitert sich resignierend zum Plumpsack. Kommt dazu, dass wir das Land nicht verlassen dürfen, ohne seine berühmten Spezialitäten zu probieren: Rüblitorten, Halva, Lokum, Marillenknödel, Profiterole, Tartufi, Turrón. Ab jetzt müssen wir, bevor wir uns vom Platz erheben, den Tisch schnaufend beiseiteschieben. Manchmal springen drei Angestellte zur Hilfe. Das ist ein wenig peinlich, aber ein Trinkgeld wert.

Bekanntlich gibt es einen raschen Weg, die nötigen Verdauungssäfte in Gang zu bringen: die klaren und dunklen Flüssigkeiten, die speziell zu diesem Zweck in der Urlaubsregion entwickelt, gebrannt und gekeltert wurden. Aufgrund einer leisen Furcht, die Abende könnten lang werden, legen wir einen beträchtlichen Vorrat davon an. Die Einheimischen, bemerken wir verwundert, tunken Kuchen in den Wein. Aha! Ja, warum denn nicht?! Als wir am anderen Tag das Fernglas um den Hals hängen, springt es bei jedem Schritt federnd vom Bauch ab.

Es wäre unpassend, sich jetzt am Strand zu zeigen. Obwohl die Barockmalerei unseres Ferienlandes beweist, dass körperliche Fülle einst als Merkmal von Wohlstand und Erotik bewundert wurde. Sehr guter Ansatz! Aber wo, bitte, sind die Barockmaler? Wir werden lediglich von einer Fernsehreporterin angesprochen. Sie sucht Mitwirkende für ihre Dokumentation *Wir sind rund, na und?*. Schluss, aus, abgelehnt. Fehlt noch, dass sie den Inhalt unserer Reisetasche besichtigen will. Die ist voll mit Profiterole, Tartufi, Turrón. Und zu Hause, das ist schon mal geklärt, werden wir uns wieder ausgewogen ernähren.

Auf zum Familientreffen

So ein Pech. Vor Monaten haben wir Karten für diesen aufsehenerregenden Theaterabend ergattert. Wir waren glücklich! Und jetzt müssen wir da hin. Viereinhalb Stunden. Wir raffen uns auf. Und irgendwann, aus Feigheit und Gefälligkeit, haben wir zugesagt, an der Enthüllung dieses unwichtigen Mahnmales teilzunehmen. Jetzt regnet es. Wir wissen: Nur die drei Redner werden unter einem Zeltdach stehen. Es hilft nichts.

So ist es fast immer: Von Weitem wirkt das Ereignis verlockend. Je näher der Termin rückt, desto lästiger wird es. Nun also dieses Familienfest. Anfang des Jahres haben wir für die Taufe oder Hochzeit oder den runden Geburtstag im Sommer zugesagt. Damals war es eine nebelhafte Vision. Die Aussicht schien nicht nur harmlos, sondern sogar erfrischend. Aber jetzt müssen wir tatsächlich hin. Und wir ärgern uns.

Es ist mal wieder nicht so, dass ein steinreicher Gönner in südlicher Landschaft in einem Luxushotel feiert und uns samt Suite und Anreise alles bezahlt. Sondern unser verarmter Cousin hat sich spät zur Heirat entschlossen und erwartet ein wertbeständiges Geschenk. Wir haben die Wahl, bei ihm zu Hause auf einer Isomatte unterm Schreibtisch zu schlafen, dazu lädt er ausdrücklich ein, oder uns selbst ein Hotel zu suchen. Als wäre das noch nicht genug, wird uns die Reise durch sein Ansinnen verdorben, wir mögen eine Rede halten.

Damit die Zeit nun nicht völlig vertan ist, nehmen wir ein paar Tage frei und stellen eine idyllische Reiseroute zusammen. Dank klug gewählter Abstecher werden wir uns dem Ort des Schreckens betont langsam nähern. Es gibt alte Städtchen auf dem Weg, eine berühmte Kathedrale, ein Schlosshotel sowie empfohlene Gourmetlokale. Darüber werden wir den Anlass der Reise vergessen. Leider müssen wir mehr Gepäck mitnehmen als gewöhnlich, weil wir in festlicher Robe erwartet werden. Für die paar Stunden formeller Heuchelei schleppen wir also zwei Koffer extra mit. Na gut. Wir fahren ja mit dem Wagen.

»Fahrt ihr mit dem Wagen?«, erkundigt sich der Cousin einen Tag vor unserem Aufbruch. Zum Lügen fehlt uns der Mut, obwohl wir ahnen, was kommt. »Könnt ihr dann vielleicht einen Abstecher nach Bottrop machen und Onkel Günther mitbringen?« Abstecher? Wir wissen nicht mal, wo Bottrop liegt. »Ihr würdet uns allen einen großen Gefallen tun.« Der Onkel sei bereits informiert.

Die Wogen des Unglücks schlagen zusammen. Ade, alte Städtchen, Burgen, trauliche Weinlauben. Guten Tag, alter Onkel. Wir hätten rigoros abgelehnt, wenn wir nicht auch entfernt an Günther interessiert wären, zumindest an seiner Hinterlassenschaft. Schließlich gehören wir zur sogenannten Erbengeneration, auch unsere eigenen Kinder ziehen schon Erkundigungen ein. Jedenfalls sind wir nun mittendrin im Familiendesaster. Erholsam kann die Reise nicht mehr werden. Der Onkel möchte vorne sitzen, sonst wird ihm schlecht.

Seine beiden Koffer erfordern einen logistischen Umbau. »Euer Wagen ist zu klein«, informiert er uns. Dürfen wir ihn im Gegenzug darauf aufmerksam machen, dass sein Toupet schief sitzt? Oder wird die Reise dann noch länger, weil wir einen Spezialisten für Haarteile aufsuchen müssen? »Schnallst du dich bitte an?« – »Wir haben uns früher nie angeschnallt, und ich lebe immer noch!« – »Nur damit der Summer still ist.«

Die Fahrt durch idyllische Landschaften wird getrübt, weil Günther unablässig aus seiner Jugend berichtet. Er hat noch in Trümmern gespielt, und das war gut so. Seine Eltern seien im Widerstand gewesen. Das ist uns neu. Er selbst habe so früh wie möglich mit angepackt und das Land zu Blüte und Wohlstand geführt. Romantische Flusstäler, lichte Wälder, Wassermühlen, malerische Stadttore ziehen unbeachtet vorüber. Der Onkel erklärt uns zeternd, warum heute nichts mehr funktioniert und was wir falsch gemacht haben.

Wir malen uns mit Schrecken aus, wen wir sonst noch auf dem Familienfest treffen. Witzige Zwischenrufe während unserer Rede sind zu erwarten. Außerdem kommen wir mit einer Partnerin, die noch nicht allen bekannt ist. Sie wird von der Seite inspiziert und erfährt durch kleine Bemerkungen Dinge, die sie eigentlich nicht wissen sollte. Einige Verwandte sind einfach peinlich. Oder sind wir ihnen peinlich? Andere haben wir so lange nicht gesehen, dass wir sie nicht erkennen. Ihr Name ist uns ohnehin entfallen.

Cliquen sondern sich ab. Gesprächige Jugendliche werden einsilbig. Uns fallen auch keine besseren Fragen ein als: »Was machst du denn jetzt so? Und was willst du dann machen?« Längst bereuen wir, dass wir für diese Reise Urlaub genommen haben. Wir können uns nicht mal bei einem gesetzten Essen für die Konversation schadlos halten. Der knickerige Cousin hat lediglich ein Büfett aufbauen lassen, im Gemeindesaal einer evangelischen Kirche. Die Stühle sind hart, der Anzug kneift. Im Halbdunkel der Bühne spielt eine Dame Saxophon zu digitaler Begleitung. Wir beschließen, wenigstens den aufgeschobenen Tanzkurs demnächst anzufangen. Zum Glück bekommen wir plötzlich Migräne.

»Schade, es ist so ein tolles Fest!«, versichern wir dem Cousin, als wir schmerzgeplagt das Feld räumen. Am Ausgang treffen wir regennasse Gestalten, die erst jetzt eintreffen, weil sie sich beim Spaziergang zwischen Mittag und Kaffeetrinken verirrt haben. Einige sehen aus, als könnte eine psychiatrische Begutachtung nicht schaden. »Waren das auch deine Verwandten?« Keine Ahnung. Möge man sich erst zur Beerdigung wieder treffen.

Zermürbt und übermüdet schlingern wir am

nächsten Tag heimwärts. Erst aus weiter Entfernung und nach langer Zeit wird uns diese Reise lustig oder wenigstens kurios vorkommen. Und dann freuen wir uns tatsächlich schon auf die nächste Reise zu einem Familienfest, dem letzten großen Fest, das Onkel Günther feiert. Oder das jedenfalls ihm gewidmet ist.

Einsam auf dem Weg zum Gipfel

Unsere Freundin Julia verreist schon seit einigen Jahren allein. Anfangs gezwungenermaßen. Mit der Zeit hat sie sich daran gewöhnt. Und inzwischen glaubt sie, dass sie damit Teil eines Trends ist. »Womöglich habe ich ihn sogar begründet!«, freut sie sich. Da habe ich sie sanft korrigiert: »Nein, den Trend haben Jüngere begründet, aber es ist schön, dass du dabei bist.«

Tatsächlich wird über die Millennials und die Gen Z behauptet, sie seien häufiger solo unterwegs als ihre Vorgänger. Überprüfbar ist das nicht. Angeblich betrachteten sie das Alleinreisen als Challenge, was es allerdings tatsächlich ist. Und obendrein als Selfcare. Als kostbare Me-Time. Das sind Begriffe, die verbrämen sollen, dass Alleinreisen in erster Linie Tapferkeit erfordert. Nebst stabilen Finanzen.

Denn wer allein reist, muss – wildes Campen mal ausgeschlossen – Zuschlag fürs Einzelzimmer hinblättern. Muss das Kinn hochnehmen und Blicke stolz erwidern können. Muss beim Schwimmen die Sachen unbewacht am Strand zurücklassen oder sich mit der Familie ein paar Meter weiter gutstellen. Wer allein reist, wird an hellen Abenden, wenn andere feiern, von Wellen der Melancholie heimgesucht.

Allein im Urlaub – das ist so ähnlich wie allein unterm Tannenbaum. Geschenke sind möglich. Aber man muss sie sich selbst überreichen. Ich rede nicht von Club-Urlaub oder von jenen organisierten Single-Reisen, die inspirierende Begegnungen mit vielen neuen Menschen versprechen und den Eintritt in eine Community niveauvoller Gleichgesinnter empfehlen.

Ich meine das gewöhnliche Alleinreisen. Nach jedem Urlaub mit anderen sehne ich mich danach. Doch bei der Umsetzung schwindet der Mut. Schon auf der Busfahrt zum Bahnhof schaltet das innere System auf erhöhte Alarmbereitschaft. Die Wahrnehmung wird empfindlicher – die Wahrnehmung der anderen und die des eigenen Verhaltens. Wer zu zweit reist, macht sich darüber keine Gedanken. Er bildet mit dem anderen eine Insel gegenseitiger Bestätigung. Wer zu dritt reist, fühlt sich sogar ermuntert, Scherze zu treiben, und beherrscht mit den Gefährten gleich den ganzen Bus oder den Strand oder Aussichtspunkt. Von größeren Cliquen wollen wir gar nicht erst reden.

Wer allein reist, ist all diesen Gruppen ausgesetzt. Der beobachtet sie, auch wenn er Gleichgültigkeit vortäuscht, und fühlt sich selbst beobachtet. Beim Hotelfrühstück bleibt nur der Platz am Katzentisch, oft fern von Wand oder Fenster mitten im Fokus des Raums, wo sich die Blicke bündeln. Fluchtmöglichkeiten bieten die ausliegenden Reisemagazine und der Gang zum Büfett. Und natürlich, aber das ist ein bisschen peinlich, das Smartphone.

Das Dinner, besonders in gepflegten Restaurants, wird zum Härtetest. Mögen die Gespräche an den anderen Tischen kreuzdumm und oberflächlich sein – sie verleihen den Pausen zwischen den Gängen ein Gefühl der Gemeinsamkeit. Wer allein reist, ist auch mit der Pause allein. Ich lege gern einen Zettel neben den Teller und mache mir Notizen allerhöchster Wichtigkeit. Früher konnte man vortäuschen, man sei Restaurantkritiker. Seit sich im Web alle zu Local Guides berufen fühlen und ihre Expertisen kundtun (»Essen lecker«), nimmt diesen Beruf niemand mehr ernst.

Meine Stirn zeigt seriöse Falten, während ich wichtige Worte notiere. Sie dienen der Vorbereitung von Meetings allerhöchster Priorität am folgenden Tag. Glaubt das irgendjemand? Nur die wirklich Ahnungslosen. Alternativ studiere ich mit brennendem Interesse einen Reiseführer, am liebsten den *Dehio* mit seinem verschrobenen Vokabular, als hätte ich wahrhaftig Besseres zu tun als meine Zeit mit anderen Leuten zu verplempern. Oder ich verwickele den Kellner, der eigentlich keine Zeit hat, in ein Gespräch über die Lage der Dinge und lasse mir bestätigen, dass früher alles besser war. So etwas überbrückt die Leere und verleiht eine gewisse Daseinsberechtigung.

Bin ich ein Sonderfall? Natürlich nicht. All die dröhnenden Handygespräche in Zügen, in Wartehallen, auf Promenaden dienen nur immer demselben Beweis: dass hier jemand zwar gerade allein, aber keineswegs überflüssig ist. Er oder sie wird gebraucht, zumindest woanders – wenn schon nicht hier, wo keiner die persönliche Bedeutung erkennt.

Ich habe häufig zum Handy gegriffen, wenn mir die Fremde zu fremd wurde. Aber auch wenn ich überwältigt war von Schneegipfeln und Abenddämmerungen oder von einem Schaf auf der Deichkrone mit Blick aufs Meer. Begeistert habe ich den Daheimgebliebenen die friedliche Stimmung geschildert und das kristallene Licht. Das Echo aus der Heimat blieb stets gedämpft. Bald wünschte man mir weiterhin viel Ausdauer. Da war mein Enthusiasmus auch schon verpufft.

Aus purem Trotz habe ich entdeckt, wie anregend Selbstgespräche sein können, etwa auf einsamen Bergpfaden. Möglicherweise stelle ich sie zu spät ein, wenn Wanderer entgegenkommen. Viele weichen scheu zur Seite aus und drehen sich aus sicherer Entfernung noch einmal um. Macht ja nichts. Auf etlichen solchen Wegen habe ich allmählich den Gedichtefundus der Schulzeit rekonstruieren können.

Aus den Tiefen des Gedächtnisses steigen mehr Zeilen ans Licht als geahnt. »Wer allein ist, ist auch im Geheimnis.« So sprach ein Dichter. Klingt gut. Ich fände es aufbauend, wenn jemand mich mal für geheimnisvoll hielte. Doch Alleinreisende werden eher als sonderlich empfunden, selbst wenn sie sich ganz unauffällig verhalten. Dass sie exklusiv mit Selfcare beschäftigt sind und in vollen Zügen Me-Time genießen, das erschließt sich keinem Beobachter.

Wer allein reist, muss immer wieder beweisen, dass ansonsten alles in Ordnung ist. Um meine Zugehörigkeit zur Welt der anderen zu unterstreichen, frage ich gern Einheimische. Also Heu wendende Bauern, die im Zweifelsfall Experten für das Wetter sind, oder Angestellte im Souvenirladen, die auch ihre Sorgen haben, oder Staub wischendes Personal, das nicht selten eine bettlägerige Familie auf dem Balkan unterstützt. Im Gegenzug habe ich schon Details aus meinem eigenen Familienleben preisgegeben, die nicht einmal meiner Frau bekannt sind.

Ja, meine Frau. Wenn ich am Ende erleichtert zu ihr oder den Freunden zurückkehre, fühle ich mich als abenteuerlicher Held, der die ganze Wucht der Einsamkeit ausgehalten hat wie die frühen Explorer dunkler Kontinente oder die Seefahrer mit ungewissem Kurs. Nun schwärme ich den anderen vor, wie speziell das Alleinreisen ist, wie viel mehr man wahrnimmt, weil man ja der Fremde ungefiltert ausgeliefert ist.

Die anderen nicken und wissen es besser. Und freuen sich oder nehmen resigniert zur Kenntnis, dass ich bis auf Weiteres wieder mit ihnen zusammen reise. Lediglich unsere Freundin Julia beäugt mich etwas länger. »Du weißt ja, was Madame de Staël gesagt hat«, äußert sie durchtrieben. Madame wer? Weiß ich nicht. »Was hat sie gesagt?«

»Man kann die Erfahrung nicht früh genug machen, wie entbehrlich man in der Welt ist.«

Ach so?

»Ja, und genau das, Dietmar, hast du jetzt erfahren.«

Abgenutzte Orte

Ist es wahr, was mir zu Ohren gekommen ist? Sie haben in diesem Jahr schon wieder den Ort gebucht, den Sie längst kennen? Da sind Sie doch schon zweimal gewesen, stimmt's? Oder gar dreimal? Es bleibt unter uns. Es ist ja kein bedenkliches Zeichen.

Oder kann es sein, dass Sie nicht mehr ganz so flexibel sind? Nicht mehr so unbegrenzt weltoffen wie noch vor Jahren? Dass Sie das Risiko des Neuen allmählich scheuen? Das ist in Ordnung. Das entwickelt sich so mit den Jahren. Sie lassen sich nicht mehr bedenkenlos auf das Unbekannte ein.

Mir geht es genauso. Auch ich bin schon wieder an dieses idyllische Fleckchen gefahren, andere nennen es Kaff, in dem wahrhaftig nichts los ist. Hauptsache, ich weiß, an welcher Ecke ich abbiegen muss und wo die Brötchen zu holen sind. Dieses Wiedererkennen ist erholsam. Ein paar mittlere Berge ragen in den Himmel. Ich betrachte sie mit Wohlgefallen, denn ich weiß: Da muss ich nicht noch mal hoch. Im weiteren Umkreis gibt es bedeutende Relikte zu sehen, aus keltischer, römischer, neandertalischer Zeit. Großartig. Ich habe sie schon beim ersten Urlaub hinreichend gewürdigt. Sie ebenfalls? Na bitte.

Kirchen, Villen, Viadukte mögen in der Umgebung locken. Wir müssen da nicht mehr hin. Die scheußlichsten habe ich ohnehin schon zweimal gesehen, das zweite Mal mit meiner jetzigen Frau. Dass es für mich bereits das zweite Mal war, habe ich ihr taktvoll verschwiegen. Umso beeindruckter war sie, als ich intuitiv die richtigen Wege erspürte. Mit bewundernswertem Orientierungssinn vermochte ich Landmarken am Horizont zu erkennen: »Ah, das müsste der Kirchturm von Roussillon sein.«

Ja, ich war richtig gut. Ihre Bewunderung erfuhr erst einen Dämpfer, als ihr aufging – und zwar durch die übertriebene Begrüßung vonseiten eines Hoteliers –, dass ich nicht zum ersten Mal durch diese Landschaft streifte. Blitzschnell schloss sie, mit wem ich diese Gegend erkundet haben musste. Vergessen wir das. Es war kein schöner Moment.

Meine Beschämung führte immerhin zu einer publikationsreifen Erkenntnis: Eine Frau mag es nicht, wenn ein Mann mit ihr an dasselbe Ziel reist, das von einer anderen bereits abgenutzt wurde. Sie – die jetzige, also die eigentliche und einzige Frau – wäre nie auf die Idee gekommen, ihm eine derart entweihte Gegend zuzumuten. Ein Mann tut so etwas aus Bequemlichkeit. Nun hilft alle Souveränität nichts mehr, mit der er als Guide den Landstrich erklärt. Ihr Entdeckergeist ist erloschen. Das Gefühl der Frische ist hin.

Sie möchte zum ersten Mal mit ihm durch die

romantische Gasse gehen und vom hohen Turm ins Weite schauen. Fehlt dieses Gefühl, ist alles Geld vergeudet. »Damals hast du sie wahrscheinlich auch hier zum Essen eingeladen«, bemerkt meine jetzige, also eigentliche und einzige Frau. »Wie fand sie denn die Speisekarte? Ich hoffe, sie hat nicht Gänsestopf-leberpastete gewählt? Ein bisschen sah sie ja danach aus.«

Ein Mann tut gut daran, sich für jede Partnerin ein neues Reiseziel auszudenken. Oder aber, zumin-dest jenseits der vierzig, bei derselben Partnerin zu bleiben. Für mich hat sich das als weniger aufwendig erwiesen. Meine Frau hat sich mittlerweile auch da-mit abgefunden, dass wir bewährte Orte mehrmals aufsuchen. Sie nimmt mich hin als reisende Couch-Potato. Mein Verdacht ist, dass Frauen grundsätz-lich aufgeschlossener sind. Sie möchten immer mal wieder was Neues sehen. Ein Mann von mittleren Jahren will in Ruhe gelassen werden, möchte keine neuen Gegenden erschließen. Und sie gibt nach, um der Gemeinsamkeit willen.

Meine Frau war also einverstanden, dass wir in die Schweiz gefahren sind, weil ich noch Franken auf-bewahrt hatte, die ich ausgeben wollte, im Wert von fünfzig Euro. Der Urlaub kostete dann ein Vielfa-ches. Sie hat auch mitgemacht, als ich die Orte mei-ner Kindheit wiedersehen wollte. Die Dünen waren nicht mehr so hoch wie ehemals, der Wald dahinter nicht mehr so tief und so dunkel. Das war schmerz-lich. Und sonderbarerweise war auch die alte Dame nicht mehr da, die einst den Kiosk betrieb, ja, der

Kiosk selbst existierte nicht mehr. Und nirgends gab es die Eissorten, die damals verkauft wurden.

In solchen Enttäuschungen zeigt sich ein Virus, der keinen Ort verschont, den wir zum zweiten Mal besuchen, auch wenn wir ihn nur einen Sommer lang aus den Augen gelassen haben: das Virus der Veränderung. Zwar haben wir selbst schon Weisheiten abgesondert wie: Alles ist wandelbar, und nichts bleibt, wie es ist. Diese Weisheiten gefallen uns aber nur dann, wenn wir den Wandel halbwegs unter Kontrolle haben. Wenn wir hingegen alte Orte besuchen, möchten wir, dass sie noch exakt so aussehen, wie sie uns gefallen haben. Wir verlangen damit ja nichts weiter als das, was uns alle Reisereportagen einhämmern, nämlich dass es so ist, »als sei hier die Zeit stehen geblieben«.

Gerade an unseren Lieblingsorten merken wir: Die Zeit bleibt nicht stehen. Nicht mal weit jenseits der Metropolen. Schon bei der Ankunft missfällt uns, dass die Empfangshalle des Flughafens oder des Fährterminals erweitert wurde. Wohl um noch mehr Touristen aufzunehmen. Genügen wir etwa nicht? Draußen registrieren wir, dass neue Straßen gebaut werden. Unseretwegen müsste das nicht sein. Und jetzt drehen sich auch über diesen unschuldigen Weiten die Windräder. Ursprüngliche Landschaft ade.

Unser geliebter kleiner Ort hat sich unterdessen bemüht, den sogenannten Anschluss an die Gegenwart zu finden. Die Straße vor den Läden ist schick gepflastert. Man darf, nein, man soll mit Handy bezahlen. Falls wir im blauen Süden sind, kleben an den weißen Häuschen nicht mehr, wie noch vor Jahren, gut besuchte Schwalbennester, sondern Satellitenschüsseln für Elon Musks Starlink. Man hat uns nicht um Erlaubnis gefragt. Wir pilgern zur Taverne, von deren Lammbraten wir daheim den Freunden vorgeschwärmt haben. Sie hat dichtgemacht. Der Winzer, der uns letztes Jahr, so empfanden wir es, mit zur Familie zählte, starrt uns fremd und verständnislos an.

Schmerzlich zeigt sich, dass es keineswegs sicherer ist, an einen vertrauten Ort zu reisen. Es ist sogar riskanter. In die erste Euphorie des Wiedererkennens – jetzt kommt der Stausee, dann die alte Mühle – mischt sich bald Unbehagen. Wir können vergleichen und sind also kritischer. Wir werden sparsamer und fühlen uns schneller gelangweilt.

Nächstes Jahr machen wir also mal was ganz anderes, sagen wir, wenn sich im altvertrauten Ort die Zeit bis zur Abreise sonderbar dehnt. Und dann geht ein Jahr herum, und wir verspüren wenig Lust, uns durch neue Online-Präsentationen zu klicken. Es kommt uns doch ganz schön vor, wie es war. Und wenn wir nicht gerade den Partner gewechselt haben, fahren wir wieder hin.

Peinlichkeiten am Steilhang

Mit dem Auto in den Urlaub zu fahren, ohne selbst zu lenken – das bedeutete bis vor ein paar Jahren, den Autoreisezug zu nehmen. Die populärsten Varianten rollten über Nacht von Düsseldorf nach Villach und von Wannsee nach Innsbruck und von Hamburg nach Lörrach.

Das hat sich geändert. Wannsee wurde geschlossen. Die Berliner sollen nach Hamburg fahren. Die Düsseldorfer nach München. Neue sogenannte Zuggarnituren mit Lok und Steuerwagen wurden eingesetzt. Die Betreiber wechselten zwischen deutschen, österreichischen und Schweizer Anbietern. Neue Markennamen wurden ersonnen, Night-Jet, Urlaubs-Express und Bahn-Touristik-Express. Und jetzt ist offenbar ein neuer Held im Rennen, dem es zumindest gelingt, die Subventionen abzuschöpfen.

Während ich diesen Absatz schreibe, ist es noch möglich, zwischen Juli und Oktober einen Autozug auf der Nord-Süd-Strecke zu buchen, von Hamburg aus. Und noch einmal, vielleicht zum letzten Mal, wird das auch im März der Fall sein, wenn es meine Familie aufs Neue zu den Idiotenhügeln der Alpen zieht. Bevor wir in die Skiferien fahren, ist es angeraten, dass wir Dehnungen, Schwünge und Slalom üben.

Und nichts ist dafür besser geeignet als der Autozug. Er fährt am späten Abend los, und wir müssen trotzdem früh da sein. Denn wir sollen hier bereits unsere erste wichtige Übung für die Piste absolvieren: das Anstehen bei bitterer Kälte. Die meisten vermummten Gestalten auf dem Bahnsteig werden wir an unserem Skiort wiedertreffen. Vor allem die Mütter mit den verblüffend vielen Kindern, die quengeln und essen wollen. Sie ahnen nicht, dass ihr Vater gerade eines der gefährlichsten Abenteuer seines Lebens besteht: Er soll den Wagen auf den Zug lenken. Für mich ist es die wichtigste Vorbereitung auf Peinlichkeiten am Steilhang.

Auf dem Bahnhof stehen Mitarbeiter der Bahn, die durch lässiges Dirigieren zeigen, wie professionell und überlegen sie sind. Sie wirken leicht gequält angesichts all der Dilettanten hinter den beschlagenen Windschutzscheiben. Sie sind die Skilehrer des Bahnhofs. Man darf sie nicht umnieten. Zwar wundern sie sich über gar nichts mehr, über keinen aufjaulenden Motor, keinen entleerten Akku, kein Abwürgen, keine krachende Kupplung.

Und doch, wie in der Skischule, will ich mir nicht allzu viele Fehler erlauben. Zumal ja noch andere zusehen. Ich bin nie ein Meister des Slaloms gewesen. Und obwohl die Autoreifen im Gegensatz zu meinen Skiern einen vollendeten Parallelschwung vollführen, kann ich die Pfosten am Rand der Strecke nicht so einfach stehen lassen. Einen nehme ich immer mit; oft sogar zwei. Ich glaube, das Auto erweist mir so stillschweigend seine Solidarität. Warum soll nur der Wagenlenker mit Brüchen und Blessuren heimkehren? Das Auto will teilhaben an den Geheimnissen des Skisports.

Das geht besonders gut, wenn wir den Schwung üben. Angesichts eines allzu steilen Hanges geht es dem Wagen wie mir: Wir trauen uns nicht. Ich spreche von dem Steilhang die Rampe aufwärts. Die Steigung ist extrem. Der Motor heult, die Kupplung qualmt. Und los!

Nein. Beim ersten Anlauf klappt es nicht. Das Auto erreicht beinahe das obere Deck, da hustet es und rollt zurück. Unten springen Zuschauer beiseite. Zügig rollen wir rückwärts. Naseweise Fahrer hatten sich schon nachgeschoben. Sie müssen eilig zurücksetzen. Nicht nur einer. Die ganze Schlange, deren Ende bis zum nebligen Horizont reicht, muss zurück.

Ich muss jetzt etwas mehr Anlauf nehmen. Heiserer Probelauf des Motors. Mittlerweile sieht der gesamte Bahnhof zu. Scheinwerfer spiegeln sich in meinem schweißnassen Gesicht. Also. Und noch einmal! Und mit Schmackes! Die Halle bebt vom Dröhnen aller überlebenden Zylinder. Oben schießt der Wagen über den Rand der Rampe wie auf meiner Lieblingsschanze am Holmenkollen.

Aber – na bitte! Da sind wir! Nun nur noch vorwärts rollen. Auch hier oben gilt es, eine wichtige Skiübung vorwegzunehmen, nämlich das Fahren in der Spur. Obwohl ich schon mit verschiedenen ganz normalen Autos gefahren bin, und vorübergehend auch mit surrender Elektrik, passte keines davon in die Spur. Ich habe dieselbe Schwierigkeit wie auf Skiern: Die Loipe ist immer zu eng. Die weichen Winterreifen quietschen herzzerreißend am Rand entlang. Kurzer Blick nach unten. Die Kinder starren offenen Mundes zu mir herauf. Sie haben das Gefühl, dass ich um mein Leben kämpfe.

Und das trifft auch zu. Meine Frau steht abgewandt, um jeglichen Verdacht auf eine Verbindung mit mir auszuschließen. Jetzt zieht sie sogar die Kinder weg: Seht da nicht so hin! Aber gerade jetzt, bitte sehr, gerade jetzt bin ich am Ziel! Ich bin zum Stehen gekommen, ohne abzustürzen, unverletzt! Die Kinder erleben diesen Triumph nicht mehr. Wenigstens den anderen Zuschauern winke ich weltläufig zu.

Dann muss ich nur noch die steile Treppe hinunter, eine wichtige Übung für Schwindelanfälle im Sessellift. Und während tumbe Motorradfahrer sich auf dem niedrigen Unterdeck die Helme einrammen, während sich aufgeregte Väter ins Taxi werfen, um schnell noch das Handy von zu Hause zu holen, führe ich meine Familie souverän ins richtige Abteil. Nun noch den mitgebrachten Vierkantschlüssel heraus für Tür und Fenster und um die Betten runterzulassen. Dann freue ich mich auf eine Nacht der Schlaflosigkeit.

Wach bleibe ich nicht nur wegen der entgegenkommenden Züge, deren Druckwellen gegen die Fenster krachen. Auch wegen der sonderbaren Provinzbahnhöfe, auf denen wir nachts halten, weil der Zug, genau wie ich beim Abfahrtsski, fern der Hauptpiste durch entlegene Waldstrecken irrt.

Nein, es hat damit zu tun, dass mir die morgendliche Steilabfahrt vom oberen Deck des Zuges bevorsteht. Und vor allem liegt es daran, dass ich wieder vergessen habe, die Alarmanlage des Autos auszuschalten. Jetzt, aus der Ferne, von ganz weit hinten, höre ich sie rastlos quaken. Bei jedem Anfahren und heftigen Ruckeln schreckt sie auf. Zweifellos blinkt das Auto dabei ganz aufgeregt.

Es ist ein schönes Gefühl, dass dieser lebendige Gruß durch die Nacht herüberschallt, auch zu all den stillen Einfamilienhäusern entlang der Strecke. Auf dass denn alle wissen: Es ist Skisaison. Die Idioten sind unterwegs zum Hügel.

Unter erlauchten Geistern

Wenn meine Frau sich so etwas wie Wien als Urlaubsziel wünscht, ahne ich schon, dass es um Kunst geht. Gewöhnlich hat man mit vierzig und erst recht mit fünfzig ausreichend Kirchen gesehen, genügend Museen durchschritten und ein Übermaß an Werken bestaunt. Nicht meine Frau. Und ich bin co-abhängig. Ich möchte nicht als Banause in die Familiengeschichte eingehen. Also gut, Stephansdom, Kunsthistorisches, Albertina, Kirchen, Schönbrunn, Sezession. Aber das muss dann reichen.

»Wir haken das nicht ab«, erklärt sie mir. »Wir würdigen es.«

Einverstanden. Nach sieben Tagen ist der Kulturreisende, wie die Promoter behaupten, »ganz erfüllt von den vielen Eindrücken«. Er darf die Reise guten Gewissens mit einem Caféhaustag ausklingen lassen, bei Landtmann, Schwarzenberg, Korb, im Café Central. Allerdings nicht, wenn die Ehefrau den Veranstaltungskalender studiert. »Die eröffnen hier eine Handpressenmesse!« Eine was? »Das ist was ganz Exklusives, wow, da haben wir Glück!«

Glück? Ist das der treffende Ausdruck? Den

Ausführungen ist zu entnehmen, dass in der Leopoldstadt unterschätzte Texte einem Publikum nahegebracht werden, welches das Erlesene noch zu schätzen weiß. Schwierige Lyrik und rätselhafte Prosa werden in ausgewählten Bleilettern von Hand gesetzt, mit Originalgrafik versehen und in selbst gegerbtes Leder gebunden.

»Na, das passt doch!«, sagt meine Frau. »Da nimmst du deine eigenen Gedichte gleich mit! Die sind schon seit Langem unterschätzt!« Sie weiß, wie sie mich kriegen kann. Einen Stick mit den Gedichten habe ich immer dabei. Zehn Seiten Kostprobe darf ich beim Hotelmanager ausdrucken. Der ist nicht mal böse. Ah, Poesie gilt noch was in der alten Kulturstadt.

Und vor Ort habe ich rasch das Gefühl, wir sind unter unseresgleichen. Die Leute sehen geistreich aus. Die meisten haben nie in ihrem Leben ferngesehen. Sie tragen Seidentücher und stoffüberzogene Knöpfe, die noch von Schiele und Klimt signiert sind. Auf reifer Haut glitzert ausgefallener Schmuck. Und wir haben unsere Kreationen vom letzten Bleigießen weggeworfen! Wir sichten Sakkos, aber keine Krawatten. Die Herren gehen in distinguierter Haarlosigkeit oder versilbert im Schnitt einer Jugendzeit, die viel weiter zurückliegt, als es ihnen vorkommt. Einige wirken gebrechlich, auf den zweiten Blick sogar alle. Viele kennen einander. Unser Trost bleibt, dass wir als Generation unter siebzig die Jugend verkörpern.

Während der Auslassungen dreier Eröffnungsredner fällt auf, dass die meisten Zuhörer ein Weinglas in der Hand halten. Viele beißen diskret in weiche Brezeln. Ein Grußadressat beschwört, was wir geahnt haben: dass wir an einen letzten Zufluchtsort rückhaltloser Kunst geraten sind, auf eine Insel hingebungsvollen Handwerks, in eine Nische rarer Meisterschaft. Die letzte Rednerin betet eine Litanei von Danksagungen herunter. Allmählich möchten wir auch ein Glas Wein. Und nun erfahren wir, dass wir nichts mitnehmen dürfen in die Ausstellungsräume. Dort sei alles zu kostbar. Dass diese Handpressenmesse nichts mit handgepresstem Traubensaft zu tun hat, wird uns – mir zumindest – schmerzlich bewusst.

Auf den Tischen der Aussteller liegen weiße Handschuhe bereit für jene allzu Neugierigen, die das Ausliegende berühren oder gar aufblättern möchten. Wollen wir das? Eigentlich nicht. Gleich der erste Tisch am Halleneingang ist so breit aufgebaut, dass wir irritiert stehen bleiben. Kenner stehlen sich vorbei. Die ausstellende Dame, in selbst gewebter Toga, deutet unsere Orientierungslosigkeit als Interesse. Sie ist Papierkünstlerin. Einige ihrer Werke werden von Teelichtern erhellt. Andere erinnern an die Schwäne, die wir mal im Origamikurs gefaltet haben. Nur dass bei ihr das Papier selbst gemacht ist. Sie begebe sich in die Natur, schwärmt sie, trage dann die Natur ins Atelier, wandele sie zu Papier und bringe sie – die Natur – als Kunst wieder hervor. »Haben Sie ein Faltblatt oder so was«, fällt uns ein, »damit wir die Adresse haben? Auch für Freunde?«

Hat sie, gedruckt auf einem Papier aus Hanf und Brennnesseln.

Durchatmen. Es war gut, dass wir sie gleich am Anfang getroffen haben. Jetzt ist klar, dass wir auf der Hut sein müssen. Wir dürfen neugierig sein, aber kein Kaufinteresse signalisieren. Andere Besucher stecken in ähnlichen Schwierigkeiten. Als wir uns einem Tisch nähern, an dem sich ein kultiviertes Paar großformatige Radierungen zeigen lässt – wir wollen lediglich zuschauen, nur Zaungäste sein –, da nehmen die beiden unser Kommen als willkommenes Zeichen ihrer Ablösung und entfernen sich eilig.

»Ich wollte ins Caféhaus!«, zische ich meiner Frau zu.

Aber da stehen wir nun und müssen uns den umfangreichen Zyklus *Strudlhofstiege Revisited* vorführen lassen. Nur noch drei Blätter wären übrig gewesen; für uns beginnt die Künstlerin ganz von vorne. »Ah ja«, sagen wir in heuchlerischer Bewunderung beim ersten Blatt. Und »Oh!« beim zweiten. Später »Das ist toll«, dann »Das ist ja großartig!«. Es geht immer weiter. Die Varianten der Aufmunterung gehen uns aus. Reicht es, dass wir stumm nicken? Oder müssen wir dann zur Entschädigung etwas kaufen? Wir entdecken, dass die Frau auch Exlibris herstellt. So etwas könnten wir uns notfalls leisten. »Haben Sie dafür eine Preisliste?« Das ist der Fall. Lobend machen wir uns davon.

Die nächsten Tische lassen wir aus. Ein düsterer Stoppelbart blickt uns verbittert nach. Für den wären meine Gedichte etwas, aber er sieht schon zu mitgenommen aus. Wir lächeln ihm inspirierend zu, mit der Botschaft: Immer positiv denken, guter Mann, das wird schon noch! Er weiß es besser. Seinen Augenringen nach zu urteilen, hält er seit Jahrzehnten Ausschau nach dem in den Reden beschworenen leidenschaftlichen Sammler, für den diese noch von Kaiserin Sisi gegründete Messe ein Pflichttermin sei.

Wir sind gewillt, allen Enttäuschten Mut zuzusprechen, solange wir nichts kaufen müssen. Bei den Frauen scheint unsere Aufmunterung weniger nötig. Sie genießen das Gewimmel, den Austausch, die plaudernde Geselligkeit. Die Männer wirken dagegen missgelaunt und in ihrer Genialität unverstanden. Man hat sie aus ihren Eremitagen in die Niederungen genötigt, wo Leute ohne Kennerschaft ihre Werke durch pures Begaffen entweihen.

Früher habe es so eine Messe sogar mal in Zelten auf der Donauinsel gegeben, empört sich einer, den eine Urkunde als Meister der Einbandkunst ausweist. Da durchstreiften Bummler die Gänge, Kinder tobten an den Tischen vorbei, Hunde wühlten darunter. Touristen hielten das Ganze für einen Trödelmarkt und forderten Schnäppchen. Und richtig voll wurde es immer, wenn ein Gewitter losbrach; dann drängten die Sonntagsspaziergänger herein, Keksreste krümelten auf Radierungen, Eis tropfte auf geprägte Bucheinbände.

Kekse und Eis wird es hier also nirgends geben. Und nur wegen des einstigen Banausenandrangs wird jetzt Eintritt verlangt. Keine basisdemokratischen Zelte mehr, sondern ein k. u. k.-Fabrikgebäude mit sandgestrahlter Klinkerfassade, veredelten Stahlträgern, abgeschliffenem Estrich, mit Kalk an den Wänden und prämiertem Lichtdesign.

Unter vierhundert Euro ist beim Einbandmeister kein Buch zu haben. Alles Bleisatz auf gestrichenem Papier, handgebunden in einhundertelf Exemplaren, nummeriert, signiert und vom Künstler persönlich in einen rostroten Schuber geschoben. »Die Leute sind kaum noch bereit, den wahren Wert zu bezahlen«, grollt er. Wir unterdrücken unsere Frage nach Kunstpostkarten. »Es ist ein Jammer«, murmeln wir und trollen uns. Auf dem Rückweg müssen wir ungesehen an ihm vorbeikommen.

Eine vom Balkan eingereiste Kunstschaffende hat Einblattdrucke ausgelegt. Sie kann kaum Deutsch, aber wir können ja lesen. Jedes Blatt zieren erotische Verse. Lauter anzügliche Worte, die auf dem Balkan als provokant gelten. Sie möchte neunundvierzig Euro pro Blatt haben, für maximal fünfhundert Buchstaben. Müssen wir ihre Krankenkasse mitfinanzieren? Die Kosten für ihre Einbürgerung?

»Tiegelpressendruck auf Elfenbeinkarton«, beteuert sie. Wenn sie meine Gedichte drucken würde, könnte sie ein Geschäft machen. Aber ist sie meiner Werke würdig? Oder müssen wir womöglich erst etwas kaufen, als Eintrittspreis in diese erlauchte Gesellschaft? Reicht ein handbemaltes Leporello? Zunächst prägen wir uns den Satz »Buchkunst wird heutzutage viel zu wenig geschätzt« als Passwort ein und schreiten beherzter voran.

Wir streifen abgenutzte weiße Handschuhe über, entgehen einer ausführlichen Erläuterung des Schriftgusses und einer Demonstration der Salzburger Buchbindekunst, umkreisen ein sinnfreies Objekt aus Fehldrucken, das gerade in einer Live-Performance erschaffen wird. Wir werden zum Betrachten literarischer Tischsets genötigt und sollen typografische Dichterporträts bewundern. Wir sagen »Buchkunst wird heutzutage viel zu wenig geschätzt« und dürfen passieren.

Eine wie Pippi Langstrumpf drapierte Frau trauen wir uns zu fragen, was der Unterschied sei zwischen Heißnadel- und Kaltnadelradierung. Während sie recht weit ausholt, wissen wir schon: Das haben wir am Ausgang wieder vergessen.

In der Jackentasche knistern meine Gedichte. Würde sie so etwas vielleicht drucken? In Gill oder Bodoni – Vokabeln, die wir eben gelernt haben – auf feinem Papier? Mit Originalgrafik, in geringer Auflage, sodass es zu Weihnachten für unsere Verwandten reicht?

»Ihre Illustrationen sind kongenial!«, loben wir mit einem Wort, das wir hier häufig gehört haben.

»Ich bin froh, dass Sie das sagen«, freut sie sich, und damit ist die Tür geöffnet.

Sie wird unsere buchkünstlerische Verlegerin sein. Wir stimmen ihr eilfertig zu, als sie von den Leiden der Pressendrucker erzählt und von dem Segen, endlich auf einer spezialisierten Zusammenkunft zu sein, mag die auch als elitär gelten. Ungern erinnert sie sich an früher, als sogar Dilettanten ausstellen durften. »Da kamen sogar Leute an den Stand und wollten mir ihre Manuskripte andienen!«

»Unglaublich«, bringe ich hervor und schüttele fassungslos den Kopf. Sie ist berührt von unserem Mitempfinden und schenkt uns einen Prospekt. »Buchkunst«, behauptet sie dann, »wird heutzutage viel zu wenig geschätzt.«

Und das reicht jetzt. Schluss. »Welches Caféhaus würden Sie uns empfehlen?«, frage ich mit ungehobeltem Banausentum. »Landtmann, Schwarzenberg, Korb?«

»Oh«, lächelt sie, »meine Freundinnen nennen mich scherzhaft Café Central.« Flugs fördert sie eine Thermoskanne zutage, stellt drei Becher dazu und öffnet eine Tüte selbst gebackener Kekse. »Nehmen Sie Platz! Es ist selten, dass sich jemand so intensiv für all das hier interessiert. Für Sie beide nehme ich mir jetzt mal richtig Zeit!«

Meine Frau sagt, sie habe meinen Blick in diesem Moment nie vergessen.

Das ist nur was für Touris

Angkor Wat?«, fragte mein Neffe in die Runde. »Um Gottes willen. So was lässt man doch aus!« Er war Anfang zwanzig und hatte gerade als Backpacker Ostasien bereist, auch Kambodscha, nur eben nicht das mit fünf Sternen dekorierte Angkor Wat. »Das ist doch nur was für Touris.«

Wir Älteren schwiegen verwirrt. Wir fühlten uns als hochkultivierte Individualreisende, ganz bestimmt nicht als gewöhnliche Touris. Die meisten von uns hatten vor Jahren die alten Tempelanlagen in Angkor durchwandert, gegen ein pompöses Eintrittsgeld und unter phrasenhafter Führung. Und, zugegeben, wir waren nicht die Einzigen gewesen. Wir hatten sogar aufpassen müssen, dass wir als Gruppe unter den zehntausend Tagesbesuchern zusammenblieben.

»So was macht ihr?«, fragte der Neffe. Sein Staunen klang nicht nur ungläubig, sondern auch ein wenig abfällig. Ja, so was machen wir. Haben wir gemacht. Wir kamen uns veraltet vor. Offensichtlich hatten wir schon wieder einen Trend verpasst, der da lautet: Nicht, was man gesehen hat, zeichnet einen aus, sondern das, was man weglässt.

Reisen ist ein Symbol für den eigenen Status gewesen, seit Adelssprösslinge ihre Grand Tour durch Italien und Frankreich absolvierten. Sie reisten in Begleitung eines bürgerlichen Hauslehrers, dem die Reise freundlicherweise finanziert wurde. Er war der Vorfahre der heutigen Reiseleiter. Seit Goethes Zeiten begab sich das gehobene Bürgertum selbst auf große Fahrt, gewöhnlich an die Stätten verbriefter Weltwunder und kultureller Ursprünge, also erst mal nach Italien, aber auch nach Frankreich, Spanien, in den Orient. Besonders Privilegierte schafften es in achtzig Tagen um die ganze Welt. Erst im vergangenen Jahrhundert entwickelte sich das, was Massentourismus genannt wird und was in unserer Lebenszeit nur kurz durch eine Epidemie unterbrochen wurde.

Wir – Sie und ich – gehören nicht zu den Massentouristen. Wir machen unser Foto nicht dort, wo alle es machen, weil es die Reiseleitung empfiehlt. Wir suchen den originellen Winkel. Unsere paar Follower zeigen sich dankbar. Wir postieren unsere Begleitung in London nicht neben einem königlichen Wachsoldaten und in Pisa nicht so vor dem schiefen Turm, dass es aussieht, als müsse er gestützt werden. So was lassen wir weg. Da heben wir uns schon deutlich ab von den Touris. Wir sind anders.

Eine Gondelfahrt in Venedig können wir uns ebenfalls locker verkneifen. In München lassen wir das Oktoberfest aus, in Hamburg die Reeperbahn, in Berlin den Reichstag. Wir kaufen in Norwegen keinen Pullover, in Grasse kein Parfum, auf Rügen keinen Bernstein. Wir sind was Besonderes. Wir kommen aus Dänemark zurück, ohne Pölser gegessen zu haben, verzehren in Wien keine Sachertorte, in Marseille keine Bouillabaisse und durchqueren die Pfalz ohne Saumagen. Das sind erste Schritte in der Kunst des edlen Weglassens. Sie sind noch leicht. Deshalb ernten wir auch wenig Anerkennung dafür.

Denn das fiel auf, als der schnöselige Neffe erzählte – oder damit prahlte –, wie er die Blockbuster des Tourismus ausgelassen hatte: Er stieg im Ansehen der anderen. Mochte man sein Sakrileg auch tadeln, es machte ihn zu etwas Besonderem. Er hatte eine hohe Stufe des Reisens erklommen. Es gibt ja nicht nur ein Buch über tausend Orte, die man gesehen haben muss, bevor man stirbt. Sondern auch eines über tausend Orte, die man knicken kann. Und die sind identisch.

Also, in den Jahren seit Corona habe ich versucht, ihm nachzueifern. Sie – ohne meinen Neffen zu kennen – ebenfalls? Rein intuitiv? Das meine ich. Wir müssen in Eisenach nicht auf die Wartburg, das ist eh anstrengend, und in Paris nicht auf den Eiffelturm. Wir sparen uns in Amsterdam die Grachtenfahrt. Wir stellen uns nicht in eine siebenfach gewundene Warteschlange, um im Londoner Tower den Rentnerplunder zu sehen, der Kronjuwelen genannt wird. Wir pilgern in Kopenhagen nicht zum dritten Abguss der Meerjungfrau.

Allerdings, wenn wir in Florenz nicht die Uffizien betreten und in Istanbul nicht die Hagia Sophia, wird es schwieriger. Wenn wir in der Schweiz beharrlich im Tal bleiben und Schottland ohne Whiskyprobe durchqueren, merken wir: Besonderheit hat ihren Preis. Alle drängeln sich zum Tagesausflug an die Küste, um den berühmten Löwenkopf-Felsen zu bestaunen, in dessen Auge die Sonne untergeht. Wir brauchen das nicht, weiß Gott nicht! Doch wenn bei der Rückkehr alle schwärmen, beschleichen uns Zweifel.

Diese Anfängerschmerzen weichen hoffentlich bald einer buddhahaften Gelassenheit. Ich habe in Florida auf die Everglades verzichtet, in Barcelona auf die Sagrada Familia, und während der Südseekreuzfahrt habe ich die Äquatortaufe verweigert. Das war wohltuend. Genau genommen wurde ich übersehen, als die Taufe anstand. Aber als ich später erklärte: »So etwas bedeutet mir nichts«, spürte ich, wie die anderen sich in ihrem Banausentum ertappt fühlten.

Das hat mich ermutigt. In Athen bin ich dann nicht auf die Akropolis gestiegen, sondern habe die Gruppe wissen lassen: »Ich sehe mir inzwischen das Athen der Athener an.« Das war zwar alles andere als sehenswert. Es war deprimierend. Aber die Gruppe beäugte mich mit scheuer Ehrfurcht.

Schwierig wurde es am Taj Mahal. Und problematisch an den Niagarafällen. In Schweden fanden meine Mitreisenden es skurril, aber auch heroisch, dass ich mich ausgerechnet in der Mittsommernacht schlafen legte. Für mein Motto »Ägypten ohne Pyramiden« erntete ich Anerkennung, für »Weimar ohne Goethe« sogar Beifall. Doch als ich an den

Niagarafällen meiner Familie auf dem Großpark-platz C nahelegte: »Seht ihr euch das in Ruhe an, ich vertreibe mir hier inzwischen die Zeit«, spürte ich leichtes Befremden. Das verstärkte sich, als ich auf den Osterinseln keine einzige dieser Kopfstatuen besichtigen wollte, mit der edlen Begründung mei-nes Neffen: »Das ist was für Touris.«

Nach trendgemäßen Maßstäben hatte ich damit die höchste Meisterschaft im Weglassen erreicht. Aber ich kann nicht leugnen, dass neuerdings auch meine Mitreisenden eine Stufe in dieser Kunst er-klommen haben. Sie lassen mich weg. Ihr Motto heißt neuerdings: »Reisen ohne Dietmar.« Was ist davon zu halten? Meinen Neffen, den einzig Eben-bürtigen, konnte ich nicht um Rat fragen. Als ich ihn heute anrufen wollte, erfuhr ich – und ich sah es dann auch an seinen banalen Fotos auf Instagram: Er ist nach Angkor Wat gefahren.

Kleine Engel im Hotel

Kinderlachen ist wohl der schönste Klang, den menschliche Ohren vernehmen können. Stimmt's? Nun ja. Kommt darauf an, wessen Kinder es sind und wo sie lachen und über wen. Kinder, hat ein wegweisender Erzieher gesagt, sind wie Blumen. Man muss sich zu ihnen hinunterbeugen, wenn man sie erkennen will. Schön gesagt. Es kommt dabei allerdings auch auf den Füllstand der Windeln an. Einem orientalischen Philosophen verdanken wir die Weisheit: Kinder sind Gäste, die nach dem Weg fragen.

Und dabei sind wir bei Kindern als Hotelgästen. Und bei Eltern, die ihnen den Weg weisen sollen, es aber nicht tun. Darf ich einen Wunsch äußern? Bitte mieten Sie das nächste Mal ein Ferienhaus. Damit nicht alle anderen Gäste zu Opfern Ihrer unendlichen Duldsamkeit werden. Dass Sie persönlich alles toll finden, was Ihre Kinder tun, ist bewundernswert. Und für andere schwer erträglich.

Jedenfalls möchte ich ungern noch einmal den Toleranten mimen, wenn Ihre Kinder um sechs Uhr morgens im Hotel Türenschlagen spielen, wenn sie später am Büfett Müsli über den Lachs verteilen, während Ihr Jüngstes seinen Windeleimer in den Pool entleert. Haben Sie mal überlegt, Urlaub auf dem Bauernhof zu machen? Und die Kleinen einfach in den Stall zu schicken? Da sind die Süßen unter ihresgleichen. Aber schonen Sie die Hotels und deren erholungsbedürftige Gäste.

Ach, das waren gar nicht Ihre Kinder? Etwa auch nicht diejenigen, die abends kreischend das edle Menü verweigerten und stattdessen Pommes verlangten? Und sich unter den Augen hilfloser Kellner auf dem Fliesenboden wälzten? Während Sie stoisch Ihre Trüffelpastete verzehrten? Das waren Sie nicht? Im Gegenteil, Sie haben auch darunter gelitten?

Erleichterung. Dann fällt mir ein Stein vom Herzen. Dann sind wir hier unter uns. Ich will nicht behaupten, dass die Kinder von heute und die Helikoptereltern und die überforderten Kitas und die ganze Erziehungskatastrophe – und so weiter. Aber Sie und ich, als wir klein waren, haben wir uns in den Ferien derartig rücksichtslos benommen? Nein.

Haben uns die Eltern nicht streng zur Ordnung gerufen? Allerdings. Sind wir jemals anderen Urlaubsgästen auf die Nerven gegangen? Bestimmt nicht.

Aber genau genommen wissen wir das nicht. Von den zahlreichen Reisen, die meine Eltern mit mir unternahmen, sind mir ausschließlich die Eissorten und die Kaugummis fremder Länder in Erinnerung geblieben. Am Nordseestrand habe ich einmal eine raffinierte Kanalanlage hinterlassen, eigenhändig gegraben mit Schippe und Zeigefinger. Ich hoffe, sie steht noch und ist nicht Opfer des ansteigenden Meeresspiegels geworden. In Osttirol schuf ich als hochbegabter Ingenieur aus Steinen und Stöcken die komplexe Umleitung eines Seitenrinnsals des Bergbaches. Ja, genau da, wo es dann diesen fatalen Erdrutsch gegeben hat.

Mehr habe ich nicht in Erinnerung. Und Sie wissen vermutlich auch nicht viel mehr. Das meiste, was wohlmeinende Eltern im Urlaub aufwenden, ist für Kinder überflüssig. Mit »Sieh mal, das haben die Römer gebaut!« konnten Sie und ich schon damals nichts anfangen.

Und erinnern Sie sich, wie Ihre Eltern Sie aufforderten, die Aussicht zu genießen, während Sie lieber *Micky Maus* lasen? Oder waren es schon Mangas, so jung wie Sie aussehen? Und hat es sich nicht als ein Trauma in Ihre Seele gesenkt, als Sie an einer Serpentine aussteigen mussten, weil da ein langweiliger Schneeberg zu bestaunen war, während die Detektivkassette gerade die spannendste Stelle erreicht hatte? Oder hatten Sie bereits einen MP3-Player?

Mussten Sie mit Ihren Eltern wandern? Ich ebenfalls. Der einzige Trost waren die sparsam ausgegebenen Schokoladenrationen. Haben Sie noch vor Augen, wie Sie im Auto Ihre schlanken Beine nicht unterbringen konnten, weil da ein vollgestopfter Korb vor Ihrem Sitz abgestellt war? Ihr gewohntes Spielzeug war zu Hause geblieben. Hoffentlich hatten Sie wenigstens ein Brüderchen mit zum Streiten oder ein Schwesterchen, dessen Puppe Sie als Waffe einsetzen konnten. Wenn Sie Einzelkind waren, mussten Sie im Zimmer der Eltern in ein wackeliges Zusatzbett steigen.

Wozu das alles? Kinder brauchen keinen Urlaub. In fremder Umgebung fühlen sie sich meistens nicht wohl. Aber als wir dann selbst zu Eltern wurden, haben wir den Kleinen natürlich auch etwas bieten wollen. Etwa eine Schlossbesichtigung unter dem Motto »Hier hat mal ein König gewohnt«, durch deren letzte Räume wir sie am langen Arm über den Boden schleifen mussten. Oder die sensationelle Vorführung von Ritterspielen auf einer alten Burg, die wir vorzeitig verlassen mussten – aus Gründen, über die ich schweigen möchte. Jedenfalls haben sich alle nach uns umgedreht.

Urlaub am Meer bestand aus Ringewerfen und Schwimmunterricht mit der Hand unterm Bauch und der abendlichen Entfernung der porentiefen Sandpanade. Vor allem aber aus Rundumbewachung und Beschwichtigung. Dieses ewige Warten in den Restaurants mit Malblättern und Buntstiften und klebrigen Kindersitzen!

Wir waren glücklich, als wir wieder zu Hause waren. Und die Kinder waren noch glücklicher. Sie hatten wieder ihre Zimmer und all ihr Spielzeug.

Das ist vorbei. Dachte ich. Aber nun kommen ja die Kinder von anderen Leuten. Von Leuten, die alles viel lockerer sehen. Von Leuten wie Ihnen.

Geben Sie es doch zu: Sie waren froh, als Ihr reizendes Kleines sich an meinem Mantel die Nase schnäuzte! Als es am Strand mich und nicht Sie mit Wasser begoss. Rein spielerisch und kreativ, ja, ja.

Und es war nur ein weiterer Beleg seiner Hochbegabung, als das Kind nicht Ihre, sondern meine Tischdecke samt Gläsern vom Tisch zog. Sie waren voller Mitgefühl, nicht für mich, sondern für Ihr fantasievolles Kind.

Ein französisches Sprichwort besagt, ein kleines Kind sei ein Engel, dessen Flügel schrumpfen, während die Beine wachsen. Bei einigen Kindern, fährt das Sprichwort fort, bilden sich im Gegenzug Hörner aus der Stirn. Das ist Ihnen schon aufgefallen? Nein? Sie selbst werden es als Letzte bemerken. Sagen Sie doch bitte, werden Sie demnächst wieder verreisen? Ja? Dann verraten Sie doch einfach, wohin! In der entgegengesetzten Richtung müssten alle gutwilligen Menschen Frieden finden.

Alles ist Frieden, alles ist Liebe

Wir leben im Hier und Jetzt. Immer. Auch wenn wir nicht daran denken. Sogar im Schlaf. Doch unserem Achtsamkeits-Coach reicht das nicht. Wir sollen noch mehr im Hier sein. Und wenn wir endlich hier sind, gern auch noch intensiver im Jetzt. Er hat schon eine Idee, wie das zu schaffen wäre: unter seiner Leitung auf einer Reise in die Ruhe und die Stille. Wenn wir gebührenpflichtig entspannen und loslassen und innehalten und uns selbst spüren.

Kann auch sein, dass unser Meditationslehrer der Ansicht ist, wir sollten mal unsere sogenannte Komfortzone verlassen. Er weiß nicht, dass wir das jedes Mal tun, wenn wir uns zu einer Teilnahme an seinen Gruppensitzungen aufraffen. Jetzt schwebt ihm eine Steigerung des geduldigen Hockens vor. Ein ganzes Schweigeseminar. Ein Rückzug aus der gewohnten Quasselei. Im ausdauernden Sitzen das innere Gleichgewicht wiederherstellen. Oje.

Und vielleicht kennen wir noch ein Exemplar jener aussterbenden Spezies, die Pfarrer genannt wird. Falls ja, dann lädt uns dieses Fossil mit hoher Wahrscheinlichkeit zu einer Kontemplationswoche ein, am liebsten in winterlicher Kargheit. »Lädt ein« ist lediglich der therapeutische Wortgebrauch. Der Abschied aus der Behaglichkeit soll richtig was kosten. Dafür werden wir dann die Quellen der eigenen Kraft erschließen, nachhaltig.

Damit klar ist, dass es sich nicht um Urlaub handelt, wird so eine Reise Retreat genannt. Das klingt nach Rückzug, vor allem von den erfreulichen Seiten des Lebens. Doch wir ahnen: Wer geistig erwachen und inneren Frieden erlangen will, kommt um ein Retreat nicht herum. Na denn. Bisher hat es nicht geklappt mit der Erleuchtung, weder an den vielen Abenden bei der zertifizierten Qigonglehrerin noch beim Zen-Roshi, auch nicht an so und so vielen Intensiv-Sonntagen mit Selbsterfahrung und vegetarischem Mittagessen.

Vielleicht also jetzt, auf dem Land, in mehrtägigem Schweigen. Egal in welche Region es geht, unser Domizil nennt sich »Haus der Besinnung« oder »Haus der Stille«, vielleicht auch »Tao Haus« oder was mit »Oase«. Die nicht mehr neue Anlage wird geleitet von einer schwermütigen Mittfünfzigerin, die vor dreißig Jahren mit Buddhismus begonnen oder einem indischen Meister gehorcht hat. Hat nix geholfen. Sie ist einfach nur älter geworden, und ihr Mann ist irgendwann abgehauen.

Uns wird das nicht entmutigen. Wir machen es besser. Ein wenig beklommen betreten wir die handyfreie Zone. Eine erste Inspektion der Zimmer wirkt nicht aufbauend. Es sind karge Mönchszellen mit schmalen Betten und einer extratrüben Lampe, damit wir nicht auf die Idee kommen, in Lektüre zu

fliehen. Die Waschräume wurden lange nicht reno-
viert. Wir werden sie seltener aufsuchen als unsere
heimische Dusche, zumal die hauseigenen Handtücher vor Altersschwäche zerbröseln.

Wir sprechen uns gegenseitig Mut zu: Verzicht ist
Reichtum. Das Einfache ist das Eigentliche. In der
Kargheit liegt die Wahrheit. Zum Beispiel, wenn
abends um acht die Heizung abgeschaltet wird und
das Licht im Flur erlischt. Der Kursleiter im Haupt-
haus wohnt komfortabler. Klar, er ist Meister. Er
hat das Leiden hinter sich gelassen. Wir üben uns in
Akzeptanz. Wir haben von ihm gelernt: Alles ist
richtig, so wie es ist.

Beim Sitzen im Meditationsraum ersehnen wir,
dass es hier draußen endlich mal klappt mit dem
inneren Frieden. Doch wenn der Essensgong ertönt,
schleichen sich unruhige Gedanken ein. An den
ersten Tagen sind sie noch hoffnungsvoll. Doch
dann gibt es jeden Morgen gequollene Flocken mit
Trockenobst, dazu Milch mit Haut oder aus Hafer.
Jeden Mittag Getreide mit rätselhafter Gemüse-
pampe. Jeden Abend Brot und Scheibletten vom
Großmarkt, auf Wunsch auch vegan.

Wir kauen schweigend. Innerlich widerstrebend,
äußerlich demütig, fügen wir uns in den Küchen-
dienst. Es ist wie damals in der Jugendherberge. Nur
dass wir jetzt wissen: Alles ist göttlich. Auf Spaziergängen begegnen wir Teilnehmern, denen wir wohlwollend zulächeln mit der Botschaft: Alles ist Frieden, alles ist Liebe. Normalerweise würden wir mit
solchen Leuten allerdings nicht verreisen. Wir tref-

fen auch einsam Wandelnde mit verweinten Gesichtern. Wahrscheinlich laufen wichtige Prozesse in ihnen ab.

Und dann gibt es auf jedem Retreat einen Witzbold, der unbekümmert das Schweigegebot bricht. Wir sind ihm dankbar. Erstens, weil wir uns solchen Frevlern überlegen fühlen. Zweitens, weil wir auch schon heimlich eine WhatsApp-Nachricht abgesetzt und bei Insta reingeschaut haben. Beim Erfahrungsaustausch blickt uns der Meister lange in die Augen. Sieht er unser Vergehen? Etwa auch, dass wir uns auf einem Schweigespaziergang kurz in die Welt eingeklinkt haben, via Handy, wegen der Liveübertragung?

Er wendet sich ab. Wie geht es dir jetzt mit deiner Wut?, fragt er einen anderen. Der berichtet von ermutigenden Fortschritten. Die verweinte Frau ist inzwischen in Kontakt mit verschütteten Gefühlen gekommen. Wir sehen heimlich auf die Uhr.

Uns fällt ein, dass wir den Atem beobachten sollen. Aber irgendjemand riecht nicht gut. Sind wir es selbst? An den ersten Tagen hat man sich noch die Mühe gemacht, die Kleidung zu wechseln. Seither laufen alle in denselben Klamotten herum. Form ist ja Leere. Und Leere ist Form. Hier überwiegt die Leere. Alle sind irgendwie zusammengesackt. Niemand schnürt noch die Schuhe zu, man muss sie ja doch dauernd ausziehen.

Es ist eben alles völlig bedeutungslos. Hatte der Buddha das nicht auch schon erkannt? Wie sprach er noch zu seinen Followern in der Diamant-Sutra:

Alles, was einen Anfang hat, hat auch ein Ende. Sogar ein Retreat!

Am letzten Tag gibt es Eis mit Schlagsahne, damit wir eine positive Erinnerung mitnehmen. Wir versichern uns gegenseitig, dass wir enorm viel Ballast losgeworden und total in die Stille gelangt sind. Sogar die Verdauung ist komplett zum Erliegen gekommen. Wir fühlen tiefe Dankbarkeit. Unter anderem dafür, dass wir jetzt wieder ganz oberflächlich und nur zum Vergnügen verreisen dürfen. Zu so viel Selbsterkenntnis hat es gereicht.

»War echt super!«, rufen wir dem Kursleiter zu, als wir ins Auto steigen. »Gern nächstes Jahr wieder.« Er winkt huldvoll. Vielleicht erlebt er ja vor Ablauf des Jahres das, was Mahasamadhi genannt wird, die finale Erleuchtung, die Reise dorthin, wo Hier und Jetzt immer zusammen sind. Und dann wird auch er sich endgültig entspannen.

Bei Geistersehern

Anfang Juni fuhr ich von Berlin aus in das hüge-
lige Wandergebiet namens Fläming zum Spar-
gelessen mit dort heimisch gewordenen Freunden.
Auf dem Weg, zwanzig Kilometer südwestlich von
Potsdam, zeigten sie mir ein neu eröffnetes Café.

Das Haus, ein ausladender Bau der Gründerzeit,
habe lange leer gestanden, erzählten die Freunde,
angeblich spuke es darin. Der Kreisvorsitzende, der
es Mitte der Siebzigerjahre bezogen habe, sei bald
unter fadenscheinigen Gründen ausgezogen. Der
Nachfolger habe die oberen beiden Stockwerke gemieden; doch auch im Erdgeschoss hielt er es nicht
lange aus. Die Geräusche! Rumpeln des Nachts und
lang gezogene Pfiffe aus dem Dachgeschoss. Keine
natürliche Ursache war zu erkennen. Nach seinem
Auszug dienten die unteren Räume als LPG-Groß-
küche; der Treppenaufgang wurde verrammelt.

Dann blieb das Haus ganz leer. Nach der Wende
meldete sich ein Besitzer aus dem Westen, keineswegs jedoch, um sein Erbe anzutreten, sondern um
es zu einem abenteuerlich günstigen Preis zu ver-
äußern. Aus der Gegend wollte niemand zugreifen.
Aus Berlin jedoch meldete sich ein Gastronomen-

paar, das in den unteren Räumen eine Kneipe eröff-
nete und die oberen in Eigenarbeit zu renovieren begann. Nach sechs Monaten zogen die beiden es vor,
das Haus zu verpachten. Jetzt werde es nur mehr als
Café betrieben, wohlgemerkt tagsüber; gegen acht
Uhr abends mache sich jeder vom Chef bis zum
Putzpersonal davon.

Es war helllichter Nachmittag, als wir nach einer
idyllischen Fahrt auf dem leeren Parkplatz vor dem
Café hielten. Die Tür war verschlossen. Wir schli-
chen um das Haus herum und spähten durch die
Fenster. Die Küche schien seit Längerem unbenutzt.
An der Scheibe klebte ein Zettel: Zu verpachten.
Darunter eine Mobilnummer. Ich notierte. Hierher,
dachte ich, würde ich zurückkehren und gern auch
zur Dämmerung. Das war großartiger Stoff für
einen unerschrockenen Autor!

Ich drängte die Freunde, sich an weitere Spukhäu-
ser und Sonderbarkeiten zu erinnern. Sie nannten
den Namen eines Volkskundlers in Halle, der sich
mit dergleichen Phänomenen beschäftigt habe; etliche seien mit seiner Hilfe auch aufgeklärt worden.

Diesen Mann besuchte ich vier Wochen später.
Konrad Hänsel, einst Dozent für Volkskunde in
Leipzig, genoss seit seiner Frühpensionierung das
Leben eines Privatgelehrten. Ich hatte mir ein däm-
meriges Domizil mit Spinnweben über gilbenden
Dokumenten erhofft. Allein, nichts Geisterhaftes
zierte die Dreiraumwohnung im Norden von Halle.
Wenn etwas an ihr unheimlich war, dann ihre Klein-
bürgerlichkeit.

Hänsel, ein untersetzter Mann mit listigen Äuglein, besaß neben einem elektronischen Archiv noch etliche gezimmerte Karteikästen, in denen »Vorkommnisse« dokumentiert waren, »von denen uns Bürger Mitteilung gemacht haben«. Schwer erklärbare Phänomene, wie ich sie suchte, seien im alten Staat keineswegs verschwiegen geblieben, doch seien die Mittel zu ihrer Erforschung nur zögernd bereitgestellt worden; so habe man sich auf die Archivierung beschränken müssen.

Ich blätterte die Karteikarten durch. Demnach musste es in der verblichenen Republik viel häufiger gespukt haben als im Westen.

»Es liegt an den alten Gebäuden«, erklärte Hänsel. »Sie sind ja nie angetastet worden.«

Und deshalb fühlten sich die Geister darin wohl?

»*Geister* ist das falsche Wort. Es sind gebündelte Kräfte, die von Verstorbenen geblieben sind. Manchmal lösen sich diese Kräfte nicht aus den Räumen, in denen die Verstorbenen sich aufgehalten haben.«

Na denn. Ich konnte mir schon denken, warum der sozialistische Staat für dergleichen Beobachtungen ungern Geld lockergemacht hatte. Ich schrieb mir aus den Karteikarten einige Adressen ab, die Hänsel empfahl. Und am Abend nahm er mich mit ans Ufer der Saale. Dort lag, schräg gegenüber der Burg Giebichenstein, der *Krug zum Grünen Kranze*. In diesem historischen Wirtshaus spuke es.

»Im Krug zum Grünen Kranze, da kehrt' ich durstig ein, da saß ein Wandrer drinnen, am Tisch bei kühlem Wein; ein Glas war eingegossen, das wurde nimmer leer, sein Haupt ruht auf dem Bündel, als wär's ihm viel zu schwer.«

So reimte zur Zeit der Befreiungskriege der Romantiker Wilhelm Müller, und er meinte schon damals, erläuterte Hänsel, keinen realen Wanderer, sondern jenen schwermütigen Untoten, der immer noch im *Kruge* umging.

»In den meisten Berichten trägt er eine Uniform der napoleonischen Armee. Als sei es jener Soldat, der zu Müllers Zeit im *Krug* ermordet und im Keller eingemauert worden war. In einigen Berichten setzt er sich zu den Gästen, hält sogar ein Schwätzchen und ist dann spurlos verschwunden. In anderen Zeugenaussagen sitzt er plötzlich am Tisch, den Kopf auf seinem Tornister, das Gesicht verborgen.«

Bis das Gebäude umgestaltet wurde, erschien der unheimliche Gast in den alten Räumen. Seither wurde er nur mehr im Biergarten gesehen. Und in dem saßen wir nun, unter herrlichen Kastanien, und warteten.

»Haben Sie ihn denn mal selbst gesehen?«, fragte ich. Hänsel hatte das erwartet. Er senkte die Stimme.

»Ich glaube, ihn gespürt zu haben«, sagte er. »Mehrmals sogar. Zuletzt an einem warmen Wochenende im Oktober 2024. Am Abend vom 18. auf den 19. Jemand legte mir eine Hand auf die Schulter. Ich fuhr herum, weil sie vollkommen kalt war; niemand stand da. Unwillkürlich habe ich den Arm ausgestreckt, und da fühlte es sich an, als ob ich etwas berührte, etwas Stoffliches, es war jedenfalls dichter als Luft! Ich hatte auch das überdeutliche

Gefühl, dort stand jemand; mitten in der Sommerluft eine Figur aus Kälte. Aber gesehen habe ich nichts. Es war gruselig.«

Hänsel entsprach nicht dem Typus des Geistersehers. Er war von freundlicher Offenheit. Sein Interesse an sonderbaren Phänomenen hatte eher etwas Verärgertes; als störte es ihn, dass er nicht allem auf den Grund kommen konnte. Etliche Geister hatte er entlarven können: das Klopfen aus Wasserleitungen, das Rumpeln aus der Kanalisation, die Stimmen aus kurzwellenempfindlichen Küchenherden. Den bleichen Franzosen jedoch hielt er für echt.

Oder war er etwa mit dem Pächter im Bunde und sollte neugierige Gäste anlocken, bis die irgendwann im Delirium den Feldherrn Napoleon persönlich sahen, als Walking Dead des alten Europas?

»Der Pächter hat keine Ahnung«, winkte Hänsel ab, als wir in der Dunkelheit aufbrachen. Nichts hatten wir gesehen, übrigens auch keine Bedienung. Vielleicht war es an diesem Abend zu kühl für den Biergarten. Zu kühl sogar für kalte Gesellen.

Am folgenden Tag musste ich an die sauren Tropfen denken, die manch arglosem Gast das Blut in den Adern gefrieren ließen. Da wanderte ich im Saaletal oberhalb von Freyburg durch Reihen von Silvaner-Rebstöcken. Hier spazierte zuweilen eine Weiße Frau durch die Hänge, eine bucklige, hässliche, die zu Lebzeiten in Freyburg verhöhnt und verspottet worden war. Das war hundertfünfzig Jahre her, sie hatte es nicht verwunden.

»Ihr Rachewunsch bindet sie«, vermutete der einheimische Gewährsmann von Konrad Hänsel. »Sie kann sich nicht lösen.«

Er zeigte, wo sie zuletzt erschienen war: vor einem kleinen Winzerhäuschen, in dem unerlaubt ein Pärchen übernachtet hatte.

»Die beiden hatten einen Hund dabei, und der fing mitten in der Nacht an zu bellen. Die junge Frau ist davon aufgewacht und hat eine bucklige Gestalt am Fenster vorbeistreichen sehen, wie einen nebligen Schein, weiß und durchsichtig. Da hat die junge Frau gellend geschrien, und der Freund konnte sie nicht beruhigen. Er hat sich ein Herz gefasst und ist rausgesprungen, aber er hat nichts gesehen, nichts gefunden. Und dann hat er das Mädchen festhalten und wegbringen müssen. Ich selbst habe die beiden nach Naumburg gefahren, das war im August des letzten Jahres.«

Es begann zu regnen. Wir stellten uns an jenem Haus unter. Was mochte eine bucklige alte Nebelfrau wohl hierherziehen?

»Na, hier kennt sie sich aus! Sie hat zu Lebzeiten bei der Lese geholfen. Und in dem Metier hat sich seither nicht so arg viel geändert. Die Seele will im Gewohnten verharren. Es mag schon sein, dass es die eine oder andere Seele himmelwärts zieht. Doch im Grunde will jede bleiben, hier, im Vertrauten. Vor allem, wer auf dem Totenbett Rache schwört!«

Er sagte das so selbstverständlich, dass ich die Weiße Frau im selben Augenblick über den Berghang streifen sah. Meine Kopfhaut krauste sich schon schauerlich. Und ja, es wurde kalt! Aber dann war es doch nur das Fernlicht eines Autos im Tal. Plus Windhauch. Hoffentlich.

»Tja, im Grunde ist alles Suggestion«, sinnierte der Fachmann neben mir. »Vielleicht unser ganzes Erleben. Real, irreal – wer wüsste die Linie zu ziehen?« Eine umfassende Armbewegung schloss Erde und Himmel mit ein.

In der Nacht schlief ich schlecht, und das lag nicht nur an der privaten Unterkunft, wo die Matratze an ihren vier Ecken aufgehängt zu sein schien und in der Mitte den Boden berührte.

Ich war froh, am folgenden Tag Leute zu treffen, denen alles Geisterhafte fremd war. Die Feengrotten bei Saalfeld, die Schlösser Altenburg, Friedenstein, Heldburg sollten laut Hänsels Karteikarten häufig heimgesucht worden sein, aber offenbar nur bis zur Wendezeit. Dort wusste niemand mehr etwas. Die Häuser waren zu gründlich saniert worden.

Auf Schloss Sondershausen sollte nachts ein Zwerg durch die Fluchten der barocken Gemächer spuken, ein ehemaliger Hofnarr der Fürsten Schwarzburg, der sich jetzt als Poltergeist betätigte. Er ließ bei geschlossenen Fenstern Gardinen wehen, Türen knallen, Vasen stürzen. Doch die Verwaltung hatte keine Ahnung von dem in Halle aktenkundigen Gesellen.

Das Wort Spuk wurde nicht mal verstanden. Als ich mich in Tiefurt erkundigte, wo nächtens die verwachsene Hofdame der Fürstin Amalie, das Fräulein Göchhausen, über die Dielen schlich, lehnte man dankend ab: »Nein, hier hat es zum Glück noch nicht gespukt. Aber drüben in Oßmannstedt, gerade vor ein paar Wochen!«

Es stellte sich heraus, dass Weltliches gemeint war. Dort waren Diebe gewesen und hatten ausgewählte Antiquitäten abtransportiert. Wo aber war jenes spezielle lichtscheue Gesindel, dem ich die Stirn bieten wollte?

Auf dem Weg in den Ostharz nahm ich eine Seitenstraße über jene schlecht beleumundete Brücke, von deren Brüstung sich nachts eine Gestalt ohne erkennbare Gesichtszüge in vorüberfahrende Autos schwingt. In Hänsels Kartei stammte die letzte derartige Meldung aus dem November 2021. Plötzlich saß das Wesen auf dem Beifahrersitz, heulte und löste sich Sekunden später in nichts auf. Mein Beifahrersitz blieb leer, obgleich ich kurz nach Mitternacht bei herausfordernd langsamer Fahrt mutig das Fenster herunterließ. Mangelte es mir an Sensibilität oder, wie die Forscher es lieber nennen, an Sensitivität?

Am Abend danach stand ich auf dem Hexentanzplatz oberhalb des Städtchens Thale. Der riesige Parkplatz war leer; die Imbisswagen am Rand hatten geschlossen. Unten die Schluchten des Bodetales waren schon dunkel; Nebelschwaden zogen sich zusammen. Hier oben wanderte außer mir nur eine Spaziergängerin. Das immerhin fiel auf. Ich fragte mich, wie sie nach Einbruch der Dunkelheit von diesem abgelegenen Ort nach Hause finden wollte. Da kam sie schon auf mich zu. Sie war um die vierzig und etwas nachlässig gekleidet. Höflich fragte sie, was ich hier wolle. Ich erklärte, ich wolle Hexen auf dem Besen fliegen sehen. Sie lachte.

»Das werden Sie nie erleben!«

»Nein«, seufzte ich, »das habe ich mir schon gedacht.« Auch Hexen würden heute Staubsaugerroboter bevorzugen.

»Das sind und waren niemals Besen!«, erläuterte sie etwas leiser. »Kommen Sie mal hierher, kommen Sie, nur Mut!« Sie führte mich direkt an den Rand der steilen Klippe. »Merken Sie? Hier kommen die Ströme hoch! Das ist ein Kraftpunkt! Hier kommt Kraft aus der Erde! Spüren Sie das? Diese Energie?!«

Sie packte meinen Arm und führte meine Hand über den Rand der Schlucht. »Ja, ja«, sagte ich vorsichtshalber. »Ich glaube schon, doch, ja, kann sein, ja, wirklich, Sie haben recht.«

Und dann wies sie aufgeregt nach vorn in die Luft. Erst einmal, nach einer kurzen Pause abermals, dann immer häufiger: Hierhin, dorthin, rechts, links, oben, unten, als sei da überall etwas zu sehen.

»Da! Und da! Da sehen Sie! Das sind keine Besen!« Jetzt senkte sie wieder die Stimme. »Das sind Schnüre!«, raunte sie. »Sie sind festgebunden, sie tanzen an Schnüren, sie wollen frei sein, sie kommen nicht los!«

Die Nähe der Frau wurde ein wenig unangenehm. Ich konnte nichts als Nebel entdecken. Wen oder was erspähte sie da? »Sehen Sie Hexen?«

»Keine Hexen! Es sind – hier, und bei Ihnen ja auch!«

Sie fasste sich in die Gegend des Zwerchfells. Sie

machte eine Bewegung, als wollte sie einen Schlauch herausziehen.

»Und genauso bei Ihnen, nur nicht so stark!«, sagte sie und wies auf meinen unflachen Bauch. »Sie sehen es doch! Da! Den Kraftstrom! Ganz sichtbar! Wie eine Schnur!«

Dabei leuchteten ihre Augen in einer kindlichen Freude, in der eine Spur Fanatismus glitzerte. Gleich darauf stieß sie hervor: »Es werden zu viele!« Und noch einmal: »Das sind zu viele jetzt! Wir fahren weg! Nehmen Sie mich mit, bitte! Bitte, nehmen Sie mich mit!« Sie fasste mich am Arm.

So etwas hatte ich schon befürchtet. Der Weg zurück über die schmale Waldstraße war nun doppelt unheimlich. Nebel kroch über den Asphalt, und die Frau stierte mich immerzu von der Seite an und wiederholte: »Nun haben Sie es gesehen! Es sind keine Besen! Jetzt wissen Sie es!«

Nach Quedlinburg wollte sie. Am Kornmarkt setzte ich sie ab, ohne ihr noch nachzusehen. Ich war schon erleichtert, dass sie überhaupt ausgestiegen war. Oder saß etwa ein Rest von ihr noch im Wagen, irgendeine fluchbeladene Energie? Und wieso hatte sie meinen persönlichen Kraftstrom als »nicht so stark« eingestuft?

Am folgenden Tag, in Arnstadt, war ich froh, wieder von gewöhnlichen Gespenstern umgeben zu sein. In Arnstadt geht die Jojo Moyes der Kaiserzeit um, Eugenie Marlitt. In warmen Nächten steigt sie herab von jenem Hügel am Waldrand, auf dem ihre Villa stand, und kommt in die Stadt. Zu Lebzeiten saß sie arthritisch im Rollstuhl, in sozialistischen Nächten wanderte sie frei herum, leider nur bis 1991. Was sie umtrieb? Ein ortsansässiger Marlitt-Experte verrät es: Sie hat das Denkmal gesucht, das am Ort ihr geweiht war und das banausische Sozialisten abrissen. Im Jahr 1992 beschloss man, es wieder aufzubauen. Danach gab sie Ruhe.

Frau von Linsky hingegen, fährt der Gelehrte fort, hat keinen Frieden gefunden, seit sie im Schwarzburger Hof versehentlich erschossen worden ist, im Jahre 1929. Zusammen mit ihrem Mann bildete sie ein aufregendes Schaustellerpaar. Sie war »die kugelsichere Frau«, auf die er stets etliche Schüsse abgab, die zwar ihre Kleider zerfetzten, jedoch nicht ihren Leib.

Das wirkte unheimlich genug und war oft vorgeführt worden, als bei der Vorstellung in Arnstadt etwas schiefging. Seither lag Frau von Linsky auf dem städtischen Friedhof, doch sie ruhte da nicht. Immer wieder ist sie gesichtet worden. Mit klaffenden Schusswunden stellt sie sich nächtens Passanten in den Weg und hebt fragend die Hände.

»Ich selbst habe sie nicht gesehen, aber meine Frau«, erwähnte der Kenner vorsichtig. »Wie viele andere Verstorbene hat die Linsky nicht begriffen, dass sie tot ist. Jemand müsste es ihr erklären. Oder jemand müsste vor ihren Augen auf dieselbe Art sterben wie sie.«

Dann würde sie verstehen und loslassen von der Erde. Das allerdings sei die größte Gefahr, die von Untoten ausgehe: Dass sie labile Lebende dazu treiben, auf gleiche Weise zu sterben. Daher die Serien von Selbstmorden oder Bränden in Häusern und Höfen, auf denen ein Fluch zu liegen scheint.

Wie über jenem Café zwanzig Kilometer süd-westlich von Potsdam, das ich am Ende meiner Fahrt durch Sachsen-Anhalt und Thüringen wieder auf-suchte. Ich wähnte mich nun erfahren und gefeit und hatte Schlafsack und Isomatte dabei. Ich rüttelte an Türen und Fensterläden und entfernte schließlich auf unstatthafte Weise ein Vorhängeschloss. Drin-nen war der entscheidende Aufgang mit Brettern vernagelt. Gleich beim Abhebeln des ersten riss ich mir einen Finger blutig. Ich nahm das als Zeichen, mit Erleichterung. Musste ich mich um jeden Preis als unerschrockener Autor beweisen? Natürlich nicht. Ich packte meine Utensilien und ging.

Und nun wurde es erst unbehaglich: Das Auto versagte sich mir. Es war noch nicht alt und einiger-maßen abgasarm. Aber es sprang nicht an. Also be-herzt ins nächste Dorf. Der alte Sozialismus war voller patenter Mechaniker, und die gute Tradition ist vierzig Jahre später noch nicht erloschen. Und tatsächlich, gleich im ersten beleuchteten Haus war die Hilfsbereitschaft entwaffnend.

»Autopanne? Na klar! Wo denn?«

Ich beschrieb den Ort.

»Ach so. Da. Aha.«

Kurz und gut, ich habe bei den Leuten übernach-tet und bin erst bei Tageslicht zu meinem Wagen zu-rückgekehrt. Dem Anschein nach unschuldig und unberührt, stand er vor dem verschlossenen Café.

Mir war nicht ganz wohl, als ich einstieg. Doch er startete auf Anhieb. Ich blieb skeptisch und fuhr langsam und wurde zum ersten Mal auf dem Weg nach Berlin nicht geblitzt. Ich tastete mich sozusagen zurück.

Aber ich konnte es nicht leugnen, ich hatte das Gefühl, dass auf dem Nebensitz – nun, da saß niemand, nein, das sicher nicht. Und doch war etwas da. Nichts Sichtbares. Aber etwas, das vorher nicht dagewesen war. Ich scheue mich nicht zu sagen: eine Art Anwesenheit. Ja, es fühlte sich an, als führe nun jemand mit. Und obgleich es draußen warm war, hatte ich das Bedürfnis, die Heizung einzuschalten.

In Berlin fuhr ich ohne Umwege in die gewohnte Werkstatt. Der Motor stottere, erklärte ich, und springe neuerdings häufig nicht an. »Heute können wir nichts mehr machen«, war die Antwort. Ich händigte dem Meister die Schlüssel aus. Und ließ den Wagen erleichtert zurück.

Das ist eine Woche her. Die Inspektion hat kein Ergebnis gebracht. Abgeholt habe ich das Gefährt dennoch nicht. Im Grunde, ist mir inzwischen eingefallen, brauche ich heutzutage kein eigenes Auto mehr. Vielleicht, habe ich mir überlegt, biete ich es an, zu einem abenteuerlich günstigen Preis.

Erdbeerbecher in der Krypta

Wir haben es bei Freunden beobachtet und auch bei Nachbarn: Sie kehren nicht so schlank zurück, wie sie losgefahren sind. Reisen macht dick. Bei denen, die auf Liegestühlen das westliche Mittelmeer durchkreuzen, erstaunt das nicht. Aber selbst auf Pilgerwegen gewinnen die Wallfahrer mehr an Gewicht als an Erkenntnis. Und das Backpacker-Paar aus unserem Zirkel, das sich in den Dolomiten von Hütte zu Hütte hangeln wollte, muss vom dritten Tag an dem reinen Genusswandern verfallen sein. Strudel, Knödel, Krapfen, Nocken …

Reisende werden rundlich. Sofern sie nicht, wie Sie und ich, mit Maß und Vernunft ausgestattet sind. Wir können nur kopfschüttelnd beobachten, was sich da abspielt. Der Zug hat sich kaum in Bewegung gesetzt, da raschelt es neben uns. Aus den Tiefen seiner Reisetasche fördert unser schnaufender Nachbar ein fettiges Fresspaket ans Licht. Stullen, dick belegt mit, oha. Wir richten schon mal die Nase in die andere Richtung. In der Maschine nach Süden sitzen wir neben einer Dame, die gegen Flugangst Kekse einwirft und die Krümel reinlich in unsere Richtung bürstet. Beim ersten Durchsacker verschluckt sie sich und hustet feuchte Reste über die vorderen Reihen. Danach starrt sie uns hilflos an. Na gut. Dann bekommt sie jetzt unsere Notfall-kekse. Aber nur nach vorne husten!

Bildungshunger verwandelt sich häufig in physische Fressattacken. Im Bus an die frühen Stätten der Christenheit nestelt eine ansonsten distinguierte Lehrerin unablässig an ihren vitaminhaltigen Bonbontüten. Kathedralen, Katakomben, römische Mosaiken – sie raschelt und knistert die ganze Zeit. Jedes Mal, wenn der Bus eine Haltebucht ansteuert, erschrickt sie. Eine Besichtigung droht. Schnell eine Sonderration in die Handtasche geschaufelt, sonst droht in der Basilika der Hungertod. Zuvor wohl die Ohnmacht. Wollen wir ihr dann Erste Hilfe angedeihen lassen? Oder wäre es für unser Häuflein Studienreisender besser, wenn wir sie rasch hinter den Altar schieben und ohne sie weiterfahren?

Sind diese Attacken neu? Früher sind sie uns zumindest nicht aufgefallen. Wenn wir jetzt darauf achten, sehen wir kaum noch was anderes. Überall wird gemampft. Wenn wir mit letzter Kraft den Gipfel erklimmen, hockt im Schatten des Kreuzes eine Wandergruppe in stilvollem Outfit, lässt mattierte Isolierkannen kreisen und schaufelt Proteinriegel in sich hinein. Diese Süßigkeiten werden in der Werbung als Sporternährung ausgegeben. Doch wer zwei oder drei Riegel verzehrt hat, soll beim Abstieg zehn Meter Abstand zum Nachfolgenden lassen, wegen der berüchtigten Protein-Farts. Nicht selten führen sie zum Absturz unbeteiligter Mitwanderer.

Kaum besser ist die altertümliche Variante. Auf unserer akademischen Italienreise schält ein verdienter Kunsthistoriker hart gekochte Eier auf dem Forum Romanum. Wohlweislich nicht im Pantheon, wo sämtliche Laute, auch die gasbedingten, echohaft verstärkt werden. Es zeigt einfach, dass auch geweihte Bezirke nicht von Binge-Eatern verschont bleiben. In Delphi wandeln wir respektvoll auf den staubigen Wegen. Jede Säule, jedes antik gepflasterte Quadrat strahlt Heiligkeit aus. Aber nicht der Platz, auf dem einst die Pythia saß und hehre Einsichten verkündete. Da hockt jetzt ein kurzbehoster Schmerbauch, tunkt Hackfleischbällchen in ein Schälchen Zaziki und schmatzt gut gelaunt.

Ist das Frevel? Zweifellos! Allerdings nur, wenn andere es tun. Wir, Sie und ich, leiden nicht unter behandlungsbedürftiger Fresssucht. Doch wir kennen schwache Momente auf Reisen. Obgleich wir hochkultiviert und eigentlich schon dermaßen verfeinert sind, dass wir von purer Lichtnahrung leben könnten, werden wir auf anspruchsvollen Touren zuweilen von Hungeranfällen heimgesucht.

Zum Beispiel schlendern wir bereits durch den dritten Kreuzgang. Die frommen Wandmalereien sind gewiss respektabel, aber der Magen beginnt allmählich zu knurren. Im Refektorium erzählt der Reiseleiter von den Feinheiten der Klosterküche. Hildegard von Bingen habe nur Dinkel gegessen. Doch weiter südlich, wo wir jetzt schreiten, wurde zu Ehren Gottes geprasst. Die Rede ist von zwölfgängigen Menüs, Kuchen aus Pinienkernen, Kapaunbrust, Fasan, Rebhuhn, Rehrücken, Fisch, ein Tisch-brunnen mit Orangenwasser, Milch, Mandeln, Reis, Marzipan.

Ja und? Soll das alles nur Vergangenheit sein? Offensichtlich! Nach diesen virtuellen Appetithäppchen müssen wir dem Reiseleiter noch in die Kathedrale folgen, wo er einen überflüssigen Seitenaltar nach dem anderen entdeckt. Wir sehen uns hungrig um. Im Entree mancher Kirchen werden hartleibige Kekse aus Schwellenländern verkauft. Wir würden das letzte versteinerte Exemplar teuer bezahlen! Nichts.

In unserem Hotel in Cancún sind wir zu spät aufgestanden, wegen des regional destillierten Agavenbrandes am Abend zuvor. Blind sind wir nicht geworden, aber wir haben nicht richtig frühstücken können. Flau und flatterig müssen wir nun lauter toltekische Pyramiden bestaunen und eine davon sogar erklimmen. Wir sollen auf gefiederte Schlangen achten. Stattdessen scannen wir von oben mit dem Blick fokussierter Profiler die Umgebung ab. Wir wollen keine Hinterlassenschaften der Maya entdecken, das bitte nicht mehr. Wir suchen einfach ein an einem Mast über die Bäume ragendes goldenes M. Oder eine Flagge mit goldener Krone oder mit dem Greisenkopf eines Hühnerbarons aus Kentucky. Jetzt rächt es sich, dass wir die amerikanischen Imbissketten hochmütig verspottet haben. Warum haben sie hier keine Filialen erbaut, wo mal eine gebraucht wird? Eine einzige nur?

Zum Glück leiden wir nicht unter Symptomen,

über die andere Reisende berichten. Dass sich der Besichtigungshunger anfühlt wie ein Hohlraum in der Körpermitte, der sich erst ausbreitet, dann zusammenstürzt. Oder wie ein Sog im Mund. Und wie eine krampfende Spannung im Kiefer. All das kennen wir nicht. Aber an der Loire zieht sich eine Schlossbesichtigung endlos hin. Bereits beim Eintreten haben wir registrieren müssen, dass das hauseigene Café wegen Renovierung geschlossen bleibt. Warum renovieren, wenn wir kommen? Während der floskelgesättigten Litaneien des Guides suchen wir die beleibte Dame von gestern. Sie hat uns vorgeschwärmt, wo sie einst in Kerala ein Vier-Gänge-Menü für fünf Euro ergattert hat, wo man auf Santorin den besten Oktopus bekommt und wo sich in Phuket fantastische All-you-can-Eats finden lassen. Leute mit dergleichen Tipps sind einfach nur lästig. Doch bei akuten Hungeranfällen wissen sie Rat. Während der Guide seine Phrasen absondert, suchen wir die Wohlgefütterte. Wo ist sie hin? Natürlich. Sie ist essen gegangen. Aber wo?

Und warum haben wir nichts eingepackt? Wir hätten beim Frühstück ein paar Croissants mitnehmen können, vom Personal unbemerkt. Das ist kein Problem, denn wenn man ein Croissant zusammenpresst, wird es klein wie ein Tischtennisball mit allerdings höherer Dichte. Zehn davon hätten locker in eine Jackentasche gepasst. Mehrere Mitreisende sind augenscheinlich so vorgegangen. Sie kauen still. Banausen! Jedesmal, wenn der Guide sie mit dem Blick streift, halten sie den Kiefer still.

Ach, wir Dummerchen. Wir wissen doch, dass heuchlerisch empfohlene Gemäldegalerien nur genießbar sind, wenn man beim Durchschreiten eine perfekt conchierte Schokolade dabeihat. Wir haben am eigenen Leibe erfahren, wie sehr byzantinische Fresken an Tiefe und Leuchtkraft gewinnen, wenn man bei ihrer Betrachtung eine eiskalte Cola genießt. Und in wie vielen Krypten vor den Gräbern einst bedeutender Herrscher haben wir in aller Ruhe unseren reingeschmuggelten Café Freddo geschlürft oder den Erdbeerbecher ausgelöffelt. Kein marmorner Herrscher hat sich darüber beklagt. War es nicht Karl V., der gesagt hat: Erst die Erkenntnis meiner Bedeutungslosigkeit hat mir die Freiheit geschenkt? Bitte sehr. Im Escorial im Pantheon der Könige verzehren wir an seinem Grab ein exzellentes Turrón de Mazapán. Zwar hinter vorgehaltener Hand und mit Blick über die Schulter, aber doch wohl ganz in seinem Sinne!

Das nennt man kluges Privatcatering. Gleichwohl geschieht es auf Reisen immer wieder, dass wir uns nach einer Fülle äußerlicher Impressionen innerlich hohl fühlen. Besonders abends. Mit unverwüstlichem Kulturoptimismus haben wir das letzte Tageslicht für Besichtigungen genutzt. Nun ist es spät geworden. Die Lokale werden gleich schließen. Noch sind sie geöffnet. Und ausgerechnet jetzt können wir uns nicht schnell entscheiden. Das erste sieht akzeptabel aus, aber akzeptabel ist zu wenig. Mal sehen, was es noch gibt. Das nächste ist zu voll und zu stickig, das übernächste verdächtig leer. Hier wird geraucht, dort wird gekreischt. Beim einen missfällt uns die Speisekarte, beim anderen die Preisgestaltung.

Und auf einmal kommt keines mehr, nur noch ein Chinese, der mit verschränkten Armen vor seiner Tür Wache hält. Werden jetzt nur noch die Eintreiber der Triaden erwartet? Ach, wären wir ins erste gegangen! Das sah gut aus! Wir eilen zurück. Der Ober bedauert. Eben habe die Küche geschlossen. Gegenüber stellt man die Stühle hoch. Ärger, Reue, Beschuldigungen.

Wütend und hungrig schleppen wir uns zurück zum Hotel. Na, dann werden wir dort dinieren! Wenn auch zu Höchstpreisen für Kleinstportionen. Resigniert laben wir uns mal wieder an Keksen und Schokoriegeln und eingeblisterten Erdnüssen aus der gut geheizten Minibar. Diese Armseligkeit dürfen wir uns wohl als Intervallfasten anrechnen.

Doch zu Hause sieht man uns dergleichen Entbehrungen nicht an. »Na, ihr habt es euch offenbar gut gehen lassen«, grinst unser Lieblingsnachbar. Wir hatten von Studien gelesen, denen zufolge Reisen massenhaft Kalorien verbraucht, weil so viele Eindrücke bewältigt werden müssen. Die pure Begegnung mit der Fremde erhöhe den Energiebedarf. Das tut sie, aber vielleicht nicht in dem Maße, in dem wir gegengesteuert haben.

»Aber ihr habt euch nicht geniert, so baden zu gehen?«, fragt unsere Tochter, während sie uns erstaunt in Augenschein nimmt. Nein, geniert haben wir uns nicht. »Das finde ich echt gut«, sagt sie. »Ihr steht zu eurem Übergewicht.« Dieses Lob gefällt uns nicht. Noch weniger die Analyse unserer therapeutischen Freundin: »Ihr habt auf der Reise nicht die Erfüllung gefunden, die ihr gesucht habt«, teilt sie ungefragt mit. »Deshalb habt ihr euch auf andere Weise erfüllt, also gefüllt und abgefüllt.«

Was für ein Unsinn, aus Neid geboren. Soweit uns bekannt, füllt sie sich zu Hause ab. Das ist günstiger. Wir werden weiter auf Reisen gehen. Und wir freuen uns jetzt schon auf die Tour mit dem sogenannten Postschiff, wo man wie ein norwegischer Briefträger verköstigt wird. Also mit Frühstücksbuffet, Mittagsbuffet, drei Gängen am Abend, Fisch und Fleisch nach regionalen Rezepten. An Bord das Leben eines Postboten genießen – das ist mal was anderes. »Willst du mitkommen?«, fragen wir die therapeutische Freundin, wohl wissend, dass ihr Budget dafür nicht ausreicht.

»Das nicht«, antwortet sie. »Aber ich kann euch danach professionelle Hilfe anbieten.«

Mit Achim aufs Meer

Wir wollten eigentlich nicht auf diese Seereise. Wir wollten überhaupt nicht mehr mit Achim verreisen. Meine Frau weigerte sich. Er war mein peinlicher alter Onkel, nicht ihrer. Ich sollte mich gefälligst allein seinen Erinnerungen und abgeschmackten Fantasien aussetzen.

»Aber davon wird diesmal garantiert nichts zu hören sein!«, habe ich behauptet. »Nicht an Bord der *Seestern*!«

Ein Foto des romantischen alten Ausflugsschiffes lag der Einladung bei. Claudia hob misstrauisch die Hände: »Du weißt nie, was Ilona im Sinn hat!« Die schwergewichtige Ilona, fünfzehn Jahre jünger als Achim, war seine heimliche Geliebte, und das schon seit ihrem fünfundzwanzigsten Lebensjahr. Jetzt war sie fünfundsechzig.

Zum letzten Mal war Claudia in Mittenwald dabei gewesen. Achim zuliebe hatten wir unsere Fahrt nach Innsbruck für einen Tag unterbrochen. Er war gerade fünfundsiebzig geworden und erhoffte sich von uns eine Auffrischung des lähmenden Kurbetriebs. Die Auffrischung bestand darin, dass wir mittags mit ihm und seiner angetrauten Ehefrau

Marga essen mussten, im *Posthotel*. Abends, wenn Marga zu Bett gegangen war, sollten wir dann mit ihm und Ilona beim Griechen anstoßen.

Claudia verabscheute dieses Arrangement. Sie begann, meinen Onkel selbst zu verabscheuen. Als Marga, die nicht mehr schmerzfrei gehen konnte, sich zu einem Nachmittagsschläfchen zurückzog, versprach Achim, uns auf einem Spaziergang die berühmte Lüftlmalerei an den Häusern zu erklären. Nach wenigen Minuten begann er, über den Weltkrieg zu räsonieren. Als Kind hatte er die Ruinen von Berlin als Abenteuerspielplatz erlebt. Je älter er wurde, desto mehr schien er höchstpersönlich an den letzten Gefechten teilgenommen zu haben. Er renommierte mit Dienstgraden und Waffengattungen und malte uns detailgenau Schlachten und Gräuel aus. Wir versuchten, seinen Blick zurückzulenken auf die Fresken an den Hauswänden oder wenigstens auf die Berge, die das Tal einrahmten. Vergebens.

»Das nächste Mal besuchst du ihn bitte allein!«, sagte meine Frau, als wir den vergilbten Ort am folgenden Morgen hinter uns ließen. Achims lustgreisenhafte Schwelgerei beim abendlichen Metaxa hatte ihr endgültig die Laune verdorben. Ilona hatte eine Literflasche Retsina ganz allein getrunken und vom Liebesleben mit dem betagten Onkel geschwärmt. Seit Jahren empfand sie sich als seine eigentliche Gefährtin und betrachtete die Ehefrau als zu entsorgende Altlast.

»Abstoßend«, murmelte Claudia später. Und das bezog sich auch auf die Aufzeichnungen erotischer

Träume, die Achim nach dem Überschreiten der zuträglichen Promillegrenze triumphierend aus der Tasche zog und mit Greisenstimme vortrug, ohne Rücksicht auf weitere Gäste im Raum.

»In Zukunft ohne mich«, stellte meine Frau klar. »Aber er ist nur ein Onkel zweiten Grades«, wiegelte ich ab. »Und was soll das heißen?«, fragte sie.

Das wusste ich auch nicht. Ich hegte einfach einen Rest Verständnis für ihn. Er kannte sich in der Literatur aus, wenngleich seine Helden – de Sade, Sacher-Masoch, Jean Genet – nicht die meinigen waren. Akademische Jobs hatte er ausgeschlagen, um als Postbote zu arbeiten und mehr Zeit zum Lesen zu haben. »Das ist doch nicht unsympathisch!« – »Das nächste Mal besuchst du ihn allein!«

Das nächste Mal war dann Ahlbeck. Marga, seine Frau, saß mittlerweile im Rollstuhl. Die beiden hatten ein barrierefreies Apartment gemietet. Achims abendlichen Spaziergängen zu Ilona, die im Seeschlösschen wohnte, hätte Marga unmöglich folgen können. Sie hätte es auch nicht gewollt. Sie wusste von dem Verhältnis. Sie war in der Lage, Gedanken daran zu vermeiden. In den ersten Jahren hatte sie gegen seine Untreue aufbegehrt, hatte sich die Pulsadern angeritzt, war vorübergehend ausgezogen und hatte sich schließlich ins Dreieck gefügt.

In der ehelichen Berliner Wohnung durfte sie Achims Arbeitszimmer nicht betreten. Dort waren die Wände von deckenhohen Bücherregalen verdeckt. Erst bei meinem letzten Besuch fiel mir auf, dass jeweils nur die erste Reihe auf jedem Regalbrett aus Literatur und historischen Sachbüchern bestand. Hinter dieser literarischen Fassade gab es eine zweite Reihe mit eindeutigen Hochglanzmagazinen sowie im Ausverkauf erworbenen, auf Achims Rekorder gerade noch abspielbaren Videokassetten. In Ahlbeck raunte Achim: »Weil Claudia nicht dabei ist, wollen Ilona und ich dir was anbieten.« Nach dem zweiten Satz seiner Erläuterungen winkte ich ab.

»Das war nun auch für mich das letzte Mal«, teilte ich Claudia bei der Rückkehr mit.

Und nun sind wir doch wieder mit Achim an Bord. Wir stehen an der Reling der *Seestern* und wundern uns, dass wir hier sind und dass wir es sogar genießen. Claudia sehnt sich insgeheim stets nach dem Meer, während ich am Schreibtisch verstaube. Diesmal hat sich die Ostseefahrt sogar mit einer Lesereise durch die letzten überlebenden Buchhandlungen von Mecklenburg verbinden lassen.

So lassen wir uns also anfächeln von der kühlen Brise unter dem hohen Morgenhimmel, lassen den Blick schweifen über das ruhig atmende Meer und schweigen. Alle in der kleinen Gruppe der Eingeladenen tun das. Alle stehen und schauen und sind dabei still, selbst Ilona, die sonst selten etwas unkommentiert lässt.

Auch von Achim ist ausnahmsweise mal nichts zu hören. Sein Zetern durchdringt gewöhnlich mehrere geschlossene Türen und würde hier ungefiltert aus dem Fahrgastraum zu uns nach oben tönen. Aber nichts. Kein Geräusch weht ans Ohr außer dem heiteren Glucksen der Wellen an der Bordwand und dem Flattern des kleinen Reedereiwimpels und gelegentlich dem Laut einer Möwe, die dem Schiff aus dem Hafen gefolgt ist.

Alle sind bereits am Vorabend auf Usedom angekommen, unweit des Raketenmuseums in einem bescheidenen Hotel mit fußballfeldgroßem Parkplatz. Man hat sich beim Frühstück gesehen. Einige dieser Verwandten müssen auch bei Margas Beisetzung dabei gewesen sein, im vorvergangenen Jahr. Claudia und ich sind damals nicht gebeten worden. Ilona gab bereits den Ton an. Darum ist auch Ilonas Bruder jetzt hier, noch beleibter als sie, sowie Achims Cousine, eine ehemals bekannte Schauspielerin, nebst ihrem Mann, obendrein ein ominöser Halbbruder mit seiner spirituell engagierten Frau.

»Die Ausflugsgesellschaft ist die Idealbesetzung für einen Horrorfilm«, habe ich Claudia zugeraunt. – »Und deswegen bist du ja hier, du magst Horrorfilme!«

Und nun ist daraus eine erfrischende Idylle geworden. Aus dem kleinen Hafen sind wir durch eine morgendliche Schar von Angelbooten in einen mystischen Sonnenaufgang geglitten, mit goldenen Wolkensäumen und einem rosa gefärbten Himmel und feurigen Spuren im Meer. Das Boot ist durch ein Kaleidoskop aus Flimmern und Blinken gefahren, das erst jetzt, da die Sonne höher steigt, die Augen nicht länger blendet.

Die dicke Ilona lehnt neben mir. Das alte Schiff ist polnischer Bauart; die Reling rostet an den Schweißnähten und könnte nachgeben. »Lehn dich nicht zu stark dagegen«, traue ich mich zu flüstern. Ilona macht ein Foto und dann noch eines und gibt dann ein bauchiges Seufzen von sich. Das kann nur bedeuten, dass sie gleich von den schönsten Sonnenaufgängen ihres Lebens erzählen wird. Ich ziehe mich zurück.

Acht rutschfeste Stufen führen hinab in den Fahrgastraum, in dem die windempfindlichen Gäste geblieben sind. Und da ist auch Onkel Achim. Mein Kommen überrascht ihn nicht und stört ihn auch nicht. Er lächelt versonnen, gleichmütig, in sich ruhend wie ein Buddha. Die anderen, wir, noch nicht zu solcher Weisheit gereift, spähen durch die ungeputzten Fenster aufs Meer.

»Man soll den Horizont im Blick behalten«, erklärt Ilonas Bruder. Es ist sein Rezept gegen Seekrankheit. Er hat sich hinter einen der festgeschraubten Tische gezwängt; die Platte drückt in den gewölbten Bauch. Ihm gegenüber, im morgendlichen Halbschlaf aneinandergekuschelt, ein Ehepaar, dessen Verwandtschaftsgrad unbekannt ist. Ich grüße stumm, sie erwidern kaum merklich. Ein uniformloser Abgesandter der Reederei, der dem Kapitän beim Ablegemanöver geholfen hat, lächelt leicht pastoral.

Es ist nicht so frisch hier wie oben an Deck, nicht so durchlüftet und leuchtend und frei. Dafür herrscht meditative Stille. Ich setze mich zu Achim an den Tisch. Nie habe ich ihn so behaglich gesehen, so viel inneren Frieden ausstrahlend. Wenn ich bedenke, wie sein Greinen und Zetern früher durch Restaurants und Hotelhallen tönte, als seinem kritischen Geist nichts genügte. Damals die ewige Besserwisserei – und diese Gemütsruhe! Kann man so spät noch Weisheit erlangen? Dann darf auch ich hoffen?

Das Farbspektakel draußen ist abgeklungen. Die dramatischen Kontraste haben sich in sanfte Übergänge gelöst. Der Wind hat nachgelassen. Das Meer liegt glitzernd und glatt. Das kleine Schiff tuckert tapfer voran. Der Kapitän hält nordöstlich auf eine baumbestandene Insel zu. Nach Süden hingebreitet liegt der Greifswalder Bodden mit dem Waldsaum auf der halbhohen Steilküste und dem grauen Koloss des stillgelegten Kraftwerkes und den fischreichen Gewässern davor. Niemand muss etwas sagen. Achim lächelt beseelt. Kein schlüpfriger Traum, kein Wort vom Krieg, obwohl wir in Peenemünde gestartet sind.

»Kommst du wieder nach oben?«, fragt meine Frau vom Treppenaufgang. »Wir umrunden die Insel.« Auf dem flachen Eiland gibt es ein wenig Wald, auch ein aufgelassenes Gehöft ist zu erkennen und ein Beobachtungsturm, alles überschaubar und gut geeignet für ein entspanntes Picknick und einen kleinen Spaziergang.

Doch wir legen nicht an, sondern umfahren die sandige Westküste. Dahinter liegt das Meer nun vollständig offen. Wenn jetzt Land in Sicht käme, müsste es das südliche Schweden sein oder die Insel Bornholm. »Egal ob wir nach Rönne fahren oder nach Ystad«, sage ich zu meiner Frau, »das sind die schönsten Stunden, die wir jemals mit Achim verbracht haben!« Sie kann es nicht abstreiten. »Ich bin selbst überrascht; ich muss aufpassen, sonst fange ich noch an, ihn zu mögen!«

In diesem Augenblick stoppt der Kapitän die Maschine. Er steigt von seiner verglasten Kanzel herunter, nickt uns mit uniformierter Würde zu und begibt sich zu Achim und den anderen im Fahrgastraum. Es dauert ein paar Minuten, dann kehrt er mit Achim zurück. Am Bug gibt es eine kleine Pforte. Die öffnet er. Er nimmt seine Kappe ab und deklamiert: »Keine Blume ziert die Stelle, und kein Hügel deckt den Ort, nur des Meeres ew'ge Welle ziehet ruhig darüber fort!«

Damit lässt er die Urne (wasserlöslich, aus Mehl und Zucker, wie uns versichert wurde) an einer Seilschlaufe hinab. Und schon zieht er das Seil wieder hoch, die Urne kreiselt kurz und sinkt dann rasch in die Tiefe. Ilona wirft ein Sträußchen nach, wir anderen tun es ihr gleich. Die Blumen treiben auseinander, während das Schiff die Stelle dreimal umfährt und hupt. Das ist es dann schon.

Unten gibt es nun Kaffee. Auf dem mit rotem Tuch abgedeckten Tisch ist Achims Porträt verblieben, auf dem er so beseelt lächelt, wie wir ihn nie erlebt haben. Und das Schöne ist, wir müssen ihn auch nie wieder erleben.

»Lasst uns wieder an Deck gehen«, schlägt Ilona vor, als das Schiff sich wieder nach Süden der Küste zuwendet. »Genießen wir die Fahrt.«

Alle stimmen zu. Was für eine schöne Reise! Danke, Achim!

Pilgern im Osterland

Niemand weiß genau, ob eine Göttin namens Ostara jemals im Norden verehrt wurde. Der angelsächsische Missionar Beda behauptete es im achten Jahrhundert. Jacob Grimm hat ihm geglaubt – vor allem, weil mit dieser Fruchtbarkeitsgöttin eine anrührende Legende verbunden war. Ostara fand einen Vogel, dessen Flügel im Winter festgefroren waren. Sie rettete ihn, indem sie ihn in einen Hasen verwandelte. Weil er ein Vogel gewesen war, durfte er weiterhin Eier legen.

Er tut es bis heute, der Ostarahase. Seine Göttin ist in den Ruhestand gegangen. Mit der Fruchtbarkeit klappt es auch ohne sie. Und sie lebt fort: in Ortsnamen und Pilgerrouten. Den Jakobsweg haben wir schon rauf und runter abgeklappert. Hat nichts genützt. Probieren wir mal den heidnischen Heilsweg. Die Ostararoute.

Wir fangen im Norden an, dann kann es nur besser werden. Also in einem der beiden Osterbys an der dänischen Grenze. Dort nehmen wir die seltenen Lakritzeier an Bord und betrachten beim Weiterfahren kauend so sumpfige Sehenswürdigkeiten wie Osterhever, Osterwittbekfeld, Oster-Ohrstedt.

Pilgern heißt immer auch die eigene Belastbarkeit testen. Durch die geheizte Windschutzscheibe starren wir in den Marschlanden auf Siedlungen wie Hasenkrug und Hasenmoor, auf Osterrönfeld, Osterhorn, Osterstedt, Osterrade, Osterwohld.

Und schon beginnen wir, an die Göttin Ostara zu glauben. Ohne ihre Hilfe hätte in diesen öden Gegenden unmöglich Leben entstehen können. Seltsam nur, dass es tatsächlich auch Orte wie Westerohrstedt und Westerhever gibt. Gab es denn auch eine Göttin Westara?

Oh, Pilgrim, zweifele nicht! Gedenke des Ostarahasens! Er besucht nur Osterorte!

Dann fahren wir doch gleich mal nach Osten rüber. Auf der Halbinsel Fischland-Darß-Zingst rufen wir in den urtümlichen Osterwald, dessen Dickicht als besonders geeignet gilt für das Verstecken von Eiern; zum Wiederfinden taugt er nicht.

Östlich von Neuruppin rollen wir durch Häsen, sehen allerdings nur Kaninchen, östlich von Berlin durch Hasenfelde, zwischen Wittenberg und Cottbus schließlich durch Osteroda, alles Dörfchen, die sich ihrer Würde als Pilgerroute augenscheinlich noch nicht bewusst sind.

Ein heiliges Ziel glänzt weiter südlich in der Lausitz, wo die Sorben unverdrossen Eier bemalen: das offizielle Osterhasenpostamt in Eibau, Hauptstraße 214. Das Heimatmuseum nebenan ist dem Kunsthandwerk der Frau Ostara geweiht. Mit einem frischen Stempel auf dem Handrücken machen wir einen Schlenker über das schlummernde Hasenthal in Thüringen und nehmen die nächste Pilgeroase ins Visier: Osterode.

In Sachsen-Anhalt war man der Göttin besonders zugetan, bevor Missionare das Fest ins Christliche drehten. Wir bewundern geschmückte Bäume in Osterfeld bei Naumburg und in Osterhausen bei Querfurt, lassen in Osterweddingen eierförmige Rentner die Straße queren und schwingen uns über die altmärkischen Osterwohle und Osterburg mit dem ruhmreichen Eiermarkt und über das schon harznahe Osterwieck endlich nach Osterode.

Hier soll es noch gnadenreiche Relikte eines Ostara-Heiligtums geben. Niemand weiß wo. Stattdessen zeigt man uns Vorbereitungen zum österlichen Hasenrennen: Pappe auf Rädern. Auch schön. Und nun sind wir in Niedersachsen. Hier ist das Heidentum ungebrochen. Mindestens ein Dutzend erwählte Orte sind der Frühlingsgöttin geweiht: Osterbruch, Osterscheps, Ostersode, Ostertimke, Ostervesede, Osterwald, Osteroden, Ostercappeln, Osterbinde, Osterfeine, Osterheide, schließlich das für seinen schartigen Hasencharme berüchtigte Osterholz-Scharmbeck und natürlich das uralte Pilgerziel Ostereistedt. Es beherbergt das Osterhasenbüro des Westens: Hanni Hase, Am Waldrand 12.

Mit einem postalischen Stempel nun auch auf dem linken Handrücken wagen wir uns in katholisierte Gefilde. Osterwick bei Steinfurt liegt schon in Westfalen, macht aber einen auffallend papstfernen Eindruck. Mit Österwiehe im Dunstkreis Paderborns ist das schon anders. Und in der Bischofsstadt selbst zeigt man uns das Hasenfenster im Kreuzgang: Drei Hasen im Kreis teilen sich drei Ohren, und doch scheint jeder zwei zu haben. Ein vorchristliches Symbol, das nun frevelhaft zum Lobpreis der Dreifaltigkeit umgedeutet wird.

Weiter. In Hasenfeld in der Eifel ist das Heidentum noch intakt, erst recht im von Hasen reich beglückten Eitorf im Bergischen Land. Hier wandert man am Ostermontag zum urigen Heiligenhäuschen, einsam auf einem Platz gelegen, der einst der Ostara geweiht war. Ein paar Kilometer südlich entern wir bereits Rheinland-Pfalz mit dem für seine klitzekleine Ostereier berühmten Ort Eichen.

Und jetzt wird es spukig. In Osterspai am Rhein wurde erst jüngst wieder ein sogenanntes saliges Fräulein gesichtet, das bei Vollmond durch die Weinberge geisterte. Handelt es sich um Ostara bei der Rückeroberung ihres Ortes? Denn Osterspai mit seiner Jakobus-Kapelle brüstet sich – noch! – als deutsche Station auf dem Jakobsweg. Ein zwiespältiges Gelände für Pilger!

Auch unser nächstes Ziel, Osterburken im Odenwald, nun schon in Baden-Württemberg, ist urheidnisches Territorium. Gegen die Ostara-Verehrung wurde eigens ein Zisterzienserkloster gegründet. Vergeblich. Heute werden die Reste der Anlage von Osterhasen zum Eierlegen genutzt. Herrlich heidnisch auch das schwäbische Osterhofen: Hier werden Osterschießen und Starkbierfest kombiniert. Wer am nächsten Tag auferstehen kann, gilt als erleuchtet.

Wie sieht es nebenan aus? Im bayerischen Schwaben werden Pilger glücklich: in Osterbuch, Osterberg, Osterwaal, Ostermünchen, Eibach und Eiberg. Es gibt sogar gleich zwei Osterhofen, in denen man mit österlichen Feuern der Göttin gedenkt, eines bei Vilshofen, das andere nah am Schliersee. Von hier haken wir noch die lieblichen Allgäuer Kultstätten Osterzell, Osterwald und Osterwarngau ab. Und nun können wir uns nach München wagen.

Am Isartor suchen wir einen unvergleichlichen Ort heiliger Fruchtbarkeitsmagie auf: das berühmte Osterhasenmuseum. Zusammen mit einem Nachttopf-, einem Sisi- und einem Tretautomuseum schickt es kraftvolle ostarische Vibrationen über die Stadt.

Schickt? Nein, schickte! Ach, wie eine gewöhnliche Kirche musste das Heiligtum schließen: aus Finanznot! Der Sisi-Plunder wurde nach Wien verkauft, die Nachttöpfe an bedürftige Privatpersonen. Ja, und die Osterhasen? Wo sind die?

»Na, wo werden die sein?«, rügt uns eine schartige Nachbarin. »Unterwegs! Eier legen!« Ach so. Ach ja. Richtig. »Na, Sie sind ja schöne Pilger!«

Vorfreude aufs nächste Leben

as? Da wart ihr nicht? Ihr hättet nur eine Station weiterfahren müssen!« Ach so. Verflixt. »Na, ihr könnt ja noch mal hinfahren!« Wir sind zerknirscht. Ein magisches Gesetz will es, dass wir das Beste immer zuletzt entdecken. Erst wenn wir fortmüssen. Womöglich trifft dieses Gesetz auf das ganze Leben zu? Dann müssten wir wiedergeboren werden. Auf Reisen jedenfalls gilt es.

Mir ist es vertraut, seit ich in Freiburg meine Zeit mit der Bewunderung edelster gotischer Baukunst vergeudete. Vor meiner Begleiterin prunkte ich mit meinem Wissen über Rosetten und Strebebögen, bis ein Passant einwarf: »Das hier ist neugotisch. Ich glaube, Sie suchen das Münster. Das ist da drüben!« Blitzartig wurde mir klar, warum die Fotos im Führer nicht mit der besichtigten Kirche übereinstimmten. Es war zu spät. Wir mussten zum Bahnhof.

So geht es. Nicht immer. Aber schmerzhaft häufig. Nach der Klosterbesichtigung steigen wir in den Tourbus, in dem der Rest der Gruppe bereits abfahrbereit schnattert. Aus dem Geschnatter klingt deutlich die Begeisterung über eine Engelsskulptur von Tilman Riemenschneider heraus. Handyfotos werden verglichen. Ein Engel von Riemenschneider? Wo soll der denn gewesen sein? »Ja, hat man Ihnen den Seitenaltar nicht gezeigt? Deshalb sind wir doch hergekommen!« Der Busfahrer hupt. »Können wir eben noch?« Nein. Die Türen zischen, der Motor hustet, adieu. Vielleicht kommen wir ja noch mal wieder. Später.

Wir schaffen es, eine ganze Burg zu besichtigen, ohne die Prunkräume zu finden. Erst als wir den Berg hinabsteigen, sehen wir das Hinweisschild. Wir hätten den anderen Eingang nehmen müssen. Dort, wo all die enthusiastischen Leute herkommen.

Wir steigen in Kyoto in die falsche Tram und versäumen deshalb den Tempel des zur Ruhe gekommenen Drachens und die sieben berühmtesten Kirschbäume. Wir erfahren beim Verlassen des öden belgischen Museums, dass es einen Rembrandt-Raum enthielt. Mit der Zeit wächst die Liste der Orte, an die wir noch einmal fahren müssten, weil wir beim ersten Besuch so viel übersehen haben.

Selbst wenn wir laut Onlinekatalog die Highlights gebucht haben, verpassen wir das Beste, weil wir an die Gruppe gebunden sind. So sitzen wir unsere Zeit in Restaurants ab, in deren Hinterzimmer der Reiseleiter die milden Gaben der Geschäftsleitung einstreicht. Als Einzelreisende müssen wir feststellen, dass die Vergnügungsdampfer mit geschlossenen Gesellschaften ablegen und das Schloss nur für angemeldete Gruppen öffnet – »Vor einer Stunde war eine da, der hätten Sie sich anschließen können.« Ah, gut zu wissen.

Wir kommen zwei Tage zu spät für den preisgekrönten Spargel. Für die Austernsaison auf Land's
End sind wir zu früh. In Neuengland ist der Höhepunkt der Blattfärbung gerade vorüber. »Diesmal
war sie außergewöhnlich früh, aber dafür extra
schön!« Wir freuen uns für die anderen. In Kopenhagen haben wir das wochenlange Hoch um Haa-
resbreite verpasst, jetzt setzt der Regen ein. Wir ärgern uns über die dreisten Preise des Tropariums.
Man tröstet uns: Jeden Mittwoch ist der Eintritt
kostenlos. Mittwoch war gestern.

In New Orleans hören wir vom Hotel aus die
Pauken und schleppenden Posaunen eines Trauer-
zuges. Eine Jazz Funeral! So was kam bei James
Bond vor. Schnell hin! Während wir uns durch die
Straßen kämpfen, verebbt die Musik in der Ferne.
»Das gibt es hier jeden Tag!«, behauptet der Hotel-
portier. Nur leider nicht mehr während unseres Auf-
enthaltes.

Auf einem orientalischen Markt fühlen wir uns
nach langem Herumstehen genötigt, eine Toilette
aufzusuchen. Als wir endlich zurückkehren, geht
die einmalige Vorführung des Schlangenbeschwö-
rers gerade unter Jubel zu Ende. In einer anderen
Stadt hätten wir vom Hotel nur nach links abbiegen
müssen statt nach rechts, schon wären wir im leben-
digsten und charmantesten Viertel gewesen. Wir
entdecken es auf Umwegen am letzten Abend.

Während wir uns im Botanischen Garten gelangweilt haben, hat es auf dem mittelalterlichen Platz
einen traditionsreichen Wettstreit in archaischer

Kampfkunst gegeben. Es ist wie damals bei der Robbenfütterung im Zoo: Wir treffen erst ein, als die Leute sich schon wieder zerstreuen.

Wir wohnen an der falschen Küste und sehen deshalb die schönsten Teile der Insel nicht. Im alten Stadtkern wandern wir wehmütig an anmutigen Pensionen vorüber; wir wohnen in einem riesigen Kasten am Autobahnring. Die berühmte Fado-Sängerin hat ihr zweiwöchiges Gastspiel einen Tag vor unserer Ankunft beendet. In Florenz sind wir zur falschen Jahreszeit, in St. Germain sogar im falschen Jahrzehnt, und in der Altstadt von Krakau befällt uns der Zweifel: Sind wir versehentlich in Posen?

Wenn wir nach der Rückkehr noch einmal den Reiseführer lesen oder ein Video über unseren Urlaubsort sehen, beißen wir uns auf die Lippen. Was denn – das alles gab es dort? An all diesen Herrlichkeiten sind wir vorbeigelaufen? »Es war so schön«, berichten wir unseren Bekannten, »wir müssen noch mal hin!« Notfalls im nächsten Leben.

Wie war's wirklich?

*N*ein, war klasse, rundum, einfach alles«, fasse ich zusammen. Es ist schon spät. Unsere Gäste sind nun umfassend informiert. Zumindest so weit, dass sie neidisch geworden sind. Zweck erfüllt. Dann könnten sie jetzt auch gehen. Mehr kostbaren Wein möchte ich jedenfalls nicht auffahren.

»Ein Genuss von Anfang bis Ende«, nickt meine Frau. »Wir würden sofort wieder hinfahren.«

Sofort wieder hinfahren? Das finden unsere Gäste ein bisschen übertrieben.

»Weil wir ziemlich viel verpasst haben«, erläutere ich. Die Freunde staunen.

»Ja«, setze ich hinzu, »weil Claudia immer so spät aufsteht.«

Die wehrt sich: »Wenigstens im Urlaub will ich mal ausschlafen.«

»Zu Hause schläfst du doch eh immer aus«, erinnere ich sie. »Und wenn man in so einem Land unterwegs ist, wo an jeder Ecke neue Entdeckungen warten – dann muss man sich vielleicht nicht um acht Uhr noch mal umdrehen, um bis neun zu schlafen und anschließend noch eine Stunde zu frühstücken.«

»Ich hab's gern gemütlich«, erklärt sie patzig.

Die Freunde ahnen, dass es nicht erforderlich ist, sich auf eine Seite zu schlagen. Sie lehnen sich zurück, um der Entwicklung zu folgen.

»Gemütlich, ja, aber man kann seine Zeit auch nutzen!«, trage ich bei.

»Allerdings! Ich darf daran erinnern«, sagt meine Frau, »dass du bei diesem desolaten Fußballplatz stehen geblieben bist, um so ein Amateurspiel zu sehen, und als wir es endlich doch noch zum Dom geschafft haben, war der geschlossen!«

Das trifft leider zu. Zur Rache darf ich dann wohl das Foto vom Nationalpark zeigen, von der Wanderung, die meine Frau nicht unversehrt überstanden hat. Das Foto haben wir nicht ins Fotobuch übernommen. Aber exakt für solche Fälle habe ich es zur Hand.

»Thema Gemütlichkeit!«, frohlocke ich. »Hier ist Claudia gemütlich versackt!« Nicht freiwillig allerdings. An jenem Nachmittag hatte sie den morastigen Untergrund im Naturschutzgebiet allzu unbekümmert betreten. Und sie wäre bis zur Hüfte eingesunken und womöglich noch weiter, hätte ich sie nicht beherzt gepackt und gerettet. Lediglich ihr linker Schuh blieb für immer im schmatzenden Schlamm.

Die Freunde zeigen sich taktvoll amüsiert.

»Und warum?«, klagt meine Frau. »Weil er unbedingt diese Abkürzung nehmen wollte! Es war gar keine Abkürzung! Er hat nur seine Wander-App falsch gelesen!«

»Bei entlegenen Gegenden macht das Programm leider Fehler«, erläutere ich. Google Maps ist in Naturschutzgebieten ohnehin überfordert. Und Komoot lässt einen bei der ersten Abweichung von der vorgeschlagenen Route im Stich. Doch, es war eine Abkürzung. Nur eine anstrengende, umständliche, unnötige, das gebe ich zu.

»Aber, da seht ihr es«, fasse ich zusammen. »Selbst Menschen, die einander gut verstehen, interpretieren Reiseerlebnisse ganz unterschiedlich.«

Meine Idee, an der bretonischen Küste jeden Abend ein anderes Fischrestaurant auszuprobieren, erscheint mir noch heute verlockend. Meine Frau hingegen will nie wieder hin. »Aber warum mag sie partout keinen Fisch?«, frage ich die Anwesenden. »Gerade sie bräuchte dringend Omega-3-Fettsäuren!«

»Ihr ringt um das richtige Narrativ«, erklärt uns der Cousin.

»Das eigentliche Problem der Reise war, dass Dietmar die ganze Zeit über Magenprobleme hatte«, sagt meine Frau und gibt sich einfühlsam. »Was war es noch, was du nicht vertragen hast? Eigentlich was ganz Simples – Nudeln? Mineralwasser? Woher kam plötzlich der Reflux?«

Ich habe kein Interesse, in meinem Gedächtnis danach zu graben. »Dagegen hat Claudia so üppig gegessen, dass bei der Bergwanderung das Gummiband an ihrem Rock gerissen ist«, fällt mir ein. »Es muss schon mürbe gewesen sein, aber dass es ausgerechnet auf dreitausend Meter Höhe kaputtging!«

Ich bitte die Zuhörer um Empathie: »Schließlich brauchte sie beide Hände für die Stöcke!«

Unsere Freunde genießen die Vorstellung.

»Es gibt ein Foto davon«, verspreche ich. »Aber nur gegen Aufpreis.«

Meine Frau winkt ab: »So was kann ich locker händeln! Dietmar ist es, der nicht improvisieren kann.«

Nun erlaube ich mir, an den Spaziergang durch Siena zu erinnern. »Es soll der schönste mittelalterliche Stadtkern Europas sein, vollkommen erhalten«, schwärme ich. »Aber wir haben nicht viel davon gesehen.« Ich weise auf die Füße meiner Frau. »Sie hatte wieder die falschen Schuhe mit.«

Ich wende mich direkt an sie: »Als es dann ums Shoppen ging, hattest du eigentlich keine Probleme mehr?«

Bei unseren Freunden ist eine leichte Beunruhigung zu spüren. Wo, grübeln sie, wird das noch hinführen?

Meine Frau blättert ein Leporello auf, das sie von ihren Lieblingsfotos hat anfertigen lassen. »Thema Stadtbesichtigungen«, haucht sie. »Diese hier war fantastisch.« Die Auswahl zeigt kein einziges Bild von Fresken, Statuen oder Fassaden, nicht mal von Sonnenuntergängen am Meer. Sondern von immer demselben schmalzlockigen Guide. »Bei diesem Charisma, bei dieser Ausstrahlung, bei diesen geschmeidigen Bewegungen – wisst ihr, da haben mir auch die engen Schuhe nichts ausgemacht.«

Die Frauen in der Runde glucksen vor Begeisterung. Meine Güte! Bei diesem angeblich zertifizierten Guide handelte es sich um einen Schmierenkomödianten mit dürftigsten Kenntnissen. »Der wohnte noch bei seiner Mutter«, steuere ich bei. Die Männer nicken. Danke für die Solidarität. Die Frauen interessiert das nicht.

»Und warum hast du ein Leporello daraus machen lassen?«, fragt eine Frau mit gesenkter Stimme. Claudia: »Damit es auf dem Nachttisch stehen kann.« Beifälliges Kichern.

»Ja, ja, alles gut«, sage ich mit der Großherzigkeit des wahren Gentlemans. »Das ist Claudias Neigung zur Geselligkeit. Wenn da irgendwo was getanzt wird, Sirtaki oder Mazurka oder wie dieser Folkloreramsch heißt, da reiht Claudia sich sofort ein, egal ob das eine Familienfeier ist oder eine andere Reisegruppe oder ein krimineller Clan beim Betriebsausflug.«

»Finde ich cool!«, sagt eine Freundin.

»Ja, ich liebe die Gemeinschaft«, giggelt meine Frau. »Dietmar hat Schiss, der hält sich immer abseits. Der denkt, er vergibt sich was, wenn er mitmacht. Vor allem sieht er sich in Konkurrenz zu all den jungen Männern. Und da kann er natürlich nicht gewinnen.«

»Männer wollen gutes Essen, guten Sex und in Ruhe gelassen werden«, halte ich schwächlich dagegen. »Vor allem wollen sie in Ruhe gelassen werden.«

»Er ganz bestimmt«, erklärt meine Frau den anderen. »In seinem Alter.«

Unsere Freunde schwanken zwischen Genuss und Alarmbereitschaft.

»Es ist ja objektiv so«, behaupte ich. »Wer allein reist, nimmt viel mehr wahr. Anders als in der Gruppe oder als Paar ist man als Einzelreisender der Fremde viel mehr ausgesetzt. Man lässt sich viel mehr darauf ein und wird viel mehr inspiriert.«

»Na, dann fahr doch allein!«, patzt meine Frau.

»Oh, das werde ich auch tun!« Mein Ton hat eine gewisse Kälte. »Meine nächste Reise ist ein Solotrip. Und du fährst zu Schmalzlocke.«

»Wenn du es empfiehlst.«

Die Freunde haben sich bereits erhoben. »Oje, ist es spät geworden!«, sagen sie. Und: »Wir wollten eh los.« Die älteste Teilnehmerin nickt uns aufbauend zu: »Ihr kriegt das schon hin.«

Und dann sind sie weg.

»Puuh«, macht meine Frau. »Das hat ja gedauert.«

»Die waren hart im Nehmen.«

»Nächstes Mal müssen wir die Streitfälle früher auspacken.«

Aber jetzt genießen wir erst mal, dass wir für uns sind und den Wein allein austrinken und die herrlich harmonische Reise noch mal in Ruhe nacherleben.

Auf Lesereise

Gehen Sie gern zu etwas, das »Lesung« heißt? Ich eigentlich auch nicht. Aber manchmal tun wir jemandem einen Gefallen. Dann treten wir beklommen in eine Buchhandlung mit Klappstühlen oder in einen schwach gefüllten Saal und fragen uns bang, wie lang die Sache hier wohl dauern wird.

Die anderen Besucher wirken auch so, als fühlten sie sich nicht ganz wohl. Sie sehen ernst und bekümmert aus. Scheu taxieren sie einander. Entweder es sind Intellektuelle, oder sie machen sich Sorgen, dass sie keine sind. Oder es sind Angestellte des Veranstalters, die zum Bleiben verdonnert wurden.

Wir setzen uns auf keinen Fall in die erste Reihe, sind allerdings trotzdem beleidigt, wenn jemand sich vor uns pflanzt. Dem Programmzettel müssen wir entnehmen, dass der Autor mehrere Bücher geschrieben hat und anderswo bereits gelobt worden ist. Wir seufzen still.

Eine Buchhändlerin, die es gut meint, oder ein Kulturvertreter, der sich auch nicht auskennt, stolpert durch eine kurze Einführung. Dann schlurft der Autor zum Pult. Tuscheln im Publikum. Vergleiche. Das soll er –?

Doch, ja, tatsächlich, das muss er sein! Aber seitdem das Foto für das Plakat gemacht worden ist, scheint er ungewöhnlich harte Zeiten durchgemacht zu haben.

Umständlich holt er ein Buch aus seinem Ökobeutel. Es ist schreckenerregend dick. Hoffentlich hat er nicht noch ein weiteres dabei. Das Verlockendste an ihm ist die Flasche Mineralwasser auf seinem Tisch. Wir haben leider nichts zu trinken. Ein Kaffeeautomat surrt am anderen Ende des Raums. Zu spät.

Der Autor stottert bereits eine Entschuldigung für seine Werke. Dann nimmt das Nuscheln seinen Lauf. Anfangs versuchen wir, wohlmeinend zu folgen. Dann schweifen wir ab. Nicht aus bösem Willen, nein, er inspiriert uns dazu! Denn da tauchte doch eben ein Name in seinem Text auf, der uns an etwas erinnert. Ja, hieß nicht damals unsere Nachbarin so ähnlich? In der anderen Stadt? Oder ein Lehrer? Wir entsinnen uns heller Kindheitstage, die erste Liebe leuchtet auf.

Auch andere Besucher hören längst nicht mehr zu. Wir erkennen es am entrückten Lächeln auf ihren Gesichtern. Nur selten, wenn der Autor hustet oder dramatisch tut, werden wir aufgestört. Leider gibt es auch Autoren, die beim Vorlesen den Augenkontakt suchen. Speziell für sie reaktivieren wir etwas, das wir in endlosen Schulstunden erprobt haben: unseren undurchschaubaren interessierten Blick, hinter dem sich nichts verbirgt als selige Leere.

Doch unsere Aufmerksamkeit wird auch zu Höherem geleitet! Etwa zur Decke des Raums. Da gibt es hochinteressante Rauchmelder und eine Sprinkleranlage. Und erstaunlich, all die Löcher in den Dämmplatten! Wie viele mögen es sein? Zählen wir doch mal! In einer Buchhandlung bietet sich überdies die Möglichkeit, die Buchrücken in den Regalen zu studieren. Andere Besucher tun das längst. Wir erkennen es an ihren verrenkten Hälsen.

Vorne, in völliger Fehleinschätzung der Lage, mosert der Autor unverdrossen fort. Ob wir rasch unser Smartphone herausziehen und die Mails checken dürfen? Wahrscheinlich würde das auffallen. Bei Lesungen wird ja niemals das Licht gedimmt, aus durchschaubaren Gründen.

Das hat einen unglücklichen Nebeneffekt. Wir sind schutzlos den Blicken derjenigen ausgeliefert, die draußen am Schaufenster vorbeischlendern – schadenfroh. Für sie sitzen wir auf einer beleuchteten Bühne. Einige bleiben feixend an der Scheibe stehen. Ja, grinst ihr nur in eurer geistlosen Freiheit!

Um denen draußen zu zeigen, wie extrem spannend Kultur ist, straffen wir uns, raffen die letzten Energien zusammen und hören zu. Nur ganz kurz. Aber gerade noch rechtzeitig. Denn der Autor kommt zum Schluss. Erleichterter Beifall.

Auch wir klatschen freigebig mit, denn die Gefahr einer Zugabe besteht bei einer Lesung nicht. Auch die Aufforderung, Fragen zu stellen, ist auf allgemeinen Wunsch weitgehend abgeschafft worden. In der Vergangenheit führten Fragen häufig dazu, dass der Autor antwortete. Und das möchte nun wirklich niemand.

Jetzt noch zum Signieren anstellen? Wir haben eine Anthologie mitgebracht, in welcher der Autor mit sieben Seiten vertreten ist. Heute extra ein Buch von ihm zu kaufen, kommt uns übertrieben vor. Obwohl man signierte Bücher noch einigermaßen bei eBay loswird. Aber vielleicht signiert er uns das Lesezeichen, das wir als Geschenk der Buchhandlung ergattert haben?

So ist es immer. Oder so ähnlich. Und weil es so ist, ersinnen die Autoren mittlerweile neue Attraktionen, um die Aufmerksamkeit zu erhaschen. Sie klettern auf Kräne oder rezitieren aus Bäumen, sie lesen aus einer extra aufgestellten Badewanne oder im Bus. Als qualvollstes Ereignis habe ich die Lesung auf einem Ausflugsschiff empfunden. Erst in dem Augenblick, als die Dichterin zu rezitieren begann, erkannten wir, dass das rettende Ufer nicht mehr zu erreichen war.

Es gibt eigentlich nur eine einzige Art Lesung, die rundherum schön ist. Das ist diejenige, bei der wir selbst vorlesen. Wenn wir, Sie oder ich, einige Zeilen geschrieben haben oder gar etliche Seiten, abgerungen dem Leid und der Verzweiflung, dann können wir sicher sein, dass die Welt genau darauf gewartet hat. Danach dürstet sie!

Und wenn wir daraus etwas vortragen, dann sehen wir ausschließlich in leuchtende Gesichter. Dann begegnen wir Blicken, die immer nur eines von uns zu verlangen scheinen: mehr, mehr! Und wir geben ihnen mehr!

Ich gehe jetzt auf Tour. Sie werden doch kommen?

Reisen ist schön – vor allem wenn man wieder zu Hause ist